比較検証、

がん保険

知っておくべき「癌」と「医療」と「がん保険」

佐々木 光信

巻頭言

　がん保険が、日本で販売されるようになってから既に40年以上経過しました。その間に、がんは死因の占率1位、がんによる死亡数は年間35万人以上になっています。がんに罹患する確率も、生涯で二人に一人の確率になり、がんはまさに、日本人にとって国民病になりました。かつては、がんに罹患したことを周囲に隠すように暮らさなければ、患者やその家族が社会から不利益を被るような時代もありましたが、今やがんとがん患者を取りまく環境は大きくかわりました。がんに罹患を隠すことも少なくなり、不幸にも亡くなってしまう方、闘病している方、病を癒し職場に復帰される方が、当たり前のように周囲で見られる時代になったのです。

　国もがん対策に本格的に取り組み、徐々にですがその効果が現れてきています。ただ、やはり問題は、がんに罹患した後の闘病が、患者本人とその家族に重くのしかかる現実があることです。がんの医療には様々な問題があり、まさに日本の医療問題の象徴ともいえるでしょう。そのような状況もあり日本では、多くの生命保険会社が「がん保険」を取り扱うようになりました。そして、がん保険が担保する様々な保障の向こう側には、闘病やそれをささえる「がん医療」な解決が容易ならざる問題が存在しています。がんの医療が大きく変わりつつある中で、保険の募集、特に「がん保険」を取扱っている営業の方々に知っていただくことを目的として「がん」と「がん医療」そして「がん保険」の解説をまとめてみました。

　2014（平成26）年に保険業法が改正され、それにともない監督指針も新しくなりました。今後は、保険商品の比較推奨の基準明確化が求められ、保険営業の世界の取り組みも大きく変わってゆくでしょう。本書の後半（第4章）では、現在販売されているがん保険を中心に比較推奨の目安として知っていただくことを目的に、筆者なりの目線で商品ごとの特徴をまとめさせていただきました。商品ごとの長所短所をなるべく解り易いと思われるかたちで解説したので、今後の営業の参考にしていただければ幸いです。また本書の前半では、各社の商品を知る前提として「がん」の知識や「がん医療」を取り巻く環境変化の解説をしています。「がん保険」は、がんのみを保障する特殊な商品ですが、今やがん医療を支える社会インフラの一部です。本書が少しでも消費者への安心の販売とがん患者やご家族の負担軽減という社会的使命の一端を担っている募集人の皆さんの一助となれば幸いです。

Contents

第3章
がんの治療…75

第4章
商品…101

Ⅰ.商品の総論

Ⅱ.比較推奨基準

Ⅲ.商品スペック各論と推奨視点

Ⅳ.保険会社別　がん保障専用商品の評価

会社名の省略について

● ソニー生命保険株式会社　→　ソニー生命
● 損保ジャパン日本興亜ひまわり生命保険株式会社　→　ひまわり生命
● プルデンシャル生命保険株式会社　→　プルデンシャル生命
● オリックス生命保険株式会社　→　オリックス生命
● アクサ生命保険株式会社　→　アクサ生命
● チューリッヒ生命 日本支社　→　チューリッヒ生命
● 東京海上日動あんしん生命保険株式会社　→　あんしん生命
● ＡＩＧ富士生命保険株式会社　→　富士生命
● 三井住友海上あいおい生命保険株式会社　→　あいおい生命
● マニュライフ生命保険株式会社　→　マニュライフ生命
● アクサダイレクト生命保険株式会社　→　アクサダイレクト生命
● メットライフ生命保険株式会社　→　メットライフ生命
● アメリカンファミリー生命保険会社　→　アフラック

※ 会社の掲載順は『インシュアランス生命保険統計号』（株式会社 保険研究所）の掲載順を参考にしています。
※ 図表等の内では、会社名をさらに省略している場合があります。
※ 本書内で比較した保険約款は、2016（平成28）年3月末時点のものです。本書内で参考にした約款は巻末に収録させていただきました。
※ 図表において出典が明記されていないものはすべて著者作成で、著作権は株式会社保険医学総合研究所に帰するものです。
※ 「がん」「癌」等の表記について、「胃癌」「乳癌」等の具体的な病名については「癌」と漢字表記で、「抗がん剤」「がん治療」等の一般的な表記については「がん」とひらがな表記で、商品名等、特にカタカナが使用されているものについては表記通りに「ガン」の表記を用いています。

□本書の取扱いに関する注意点「比較のポイント」

本書の後半部分で商品の比較ポイントを紹介する際に、どのような点に着目すればよいのか悩まれる募集人の方々の参考になるように筆者なりの提示をしました。複数会社の同種商品をユーザーに紹介する場合には、紹介する明確な基準を説明しなければなりませんが、手数料に偏らない消費者目線が必要になります。

なお、本書では営業保険料、募集手数料や解約返戻金の戻り率の良否については一切、解説の対象としていませんので、ご了承下さい。

要は、「お客様に安心を購入していただく」ということです。

1．商品比較に対する考え方

● 基本的に必要な保障が付加されているか

● 上記保障が消費者にわかりやすく明示されているのか

● 医学的な妥当性があったとしても、募集人と消費者が理解できるレベルで作成されているのか

● 支払い時のトラブルが少ない、約款が明確な商品か

● 加入者の間口を拡大する商品になっているのか

● 消費者保護に貢献しているか

2．推奨しない商品

● 前項に反する商品

● 奇をてらいすぎている商品（日本初、業界初の評価は慎重に判断）

● 新規商品なのに過大な保障になっている

● 医学的妥当性も保険料の妥当性も確認できない通算保障の拡大

● 加入者の間口を制限する商品か

3．推奨しない事例

ある給付金について見ても多少の通算の多い少ないはほとんど意味がありません。しかし、その部分の保障がなければ問題になる給付金は存在します。

> 患者の1000人に999人が500万円以下の自己負担であり、残りの1人が1000万円の自己負担である場合に、1000万円を給付する商品を開発する必要性はないでしょう。このような商品を開発して通算保障拡大を宣伝して訴求する商品は推奨に値しません。通算の妥当性を説明する責任があるということが重要です。

このような話は、擦り傷話法＊にもつながります。

　このような考え方の良否については、読者の方の批判もあるでしょう。したがって、今後もそのような声を頂戴し、比較推奨基準のレベルアップも考えていきたいと思っております。

＊「擦り傷特約を用意しました、擦り傷は時に重症化することがあるので重度傷害保険に加入しましょう。保険給付額100万円ですが非常に安価ですよ。ぜひ加入を検討下さい。」これに類似した販売話法が実際にあるのです、消費者が「擦り傷」のリスクを知っているので加入しませんね。しかし、知らないリスクでは・・・。

比較に関する資格について

この本で、比較推奨基準をまとめるため、筆者がその任に足るのか、またこの書籍を信頼してよいのか、当然疑問や懸念を感じられる方がいらっしゃると思いますので、医師である筆者とがん医療、がん保険および保険営業との関係について説明させていただきます。

筆者は臨床医師として急性期の多くのがん患者の治療に携わり、抗がん剤の副作用に苦しみ、開腹術の手術後の痛みに耐える患者を診てきました。また、一人ひとりの療養生活も様々で、急性期の治療を経て別の病院へ転院する方、自宅に戻り別の生活をする方、様々です。いまでこそ、介護保険で在宅サービスが充実してきていますが、がん患者の全てがサービスを受けられるわけではありません。筆者も介護現場や在宅ケアなど介護サービスを理解をするために介護支援専門員の資格も取得し、現場でご活躍中の介護職員から、在宅療養や施設療養の実態を聞かせていただいています。また人は、がんの告知を受ける前、自覚症状を感じたり、がん検診で異常の指摘を受けたりしたことだけで、不安にさいなまれます。がんへの不安は、闘病や就労環境の変化を強いられることによりそれまでの日常生活ができなくなることへの不安、収入減や治療費への不安、そして最大の不安が予期せぬ「死」の実感です。このような不安解消に少しでも役立てるように、がん患者の相談事業にも携わりました。様々ながん医療の現場経験を通して様々なことを学んだのです。医師として患者に接することも、患者の相談に応じることも全て個別的な対人支援です。ひとりの人間としてできることは限られていました。

しかし、がん保険によるサービス提供は異なります。現金給付というサービス提供の形態に制限はありますが、非常に多くの方の不安を和らげ治療の手助けをすることができるのです。一人の診療医に比較して桁外れの規模です。そして、がん保険は今後のがん医療のインフラを形成する重要な役割を果たすようになり、さらにその役割は今後更に大きくなろうとしています。募集人の皆さんも、ユーザーもがんの療養を知れば知った分だけがん保険加入の効用が理解できるはずです。ところが、がんの診断を受けてからは加入できない保険です。いわば、がん保険加入による保険の効用は、疾病対策における予防接種に相当します。がんという疾病を意識しない若い健康なうちから備えるべき保険になるわけです。したがって、質の良い予防接種としてがん保険の質が問われるのです。そのために、保険商品の比較推奨目安が必要とされるようになります。

筆者は、がん患者の診療に携わったように、保険会社に所属することになった後は商品開発に長年携わり、また保険金の支払い、契約の引受け、支払いを巡る苦情対応（苦情宅、医療機関への訪問）も担当してきました。そして、営業教育や代理店への講演などで直接営業の方々の声に接する機会を多くいただき、営業現場における保険会社の競争事情もよく理解し、営業職の苦労も肌で感じているつもりです。また、最近ではファイナンシャルプランナー（FP）の方々からも数多くのご質問をいただき、彼らから保険商品に対する評価の声も聞かせていただく機会を得ています。

　以上の経験を経て、今回ご批判はあると思いますが、本書をまとめる次第です。

第1章

がんとがんの療養環境

◆◆◆ がん保険の販売

1. 販売開始当時の商品

　1974（昭和49）年にアフラックから日本で始めてのがん保険が販売されました。当時は、がんを原因とする入院だけを給付対象としていた保険でしたので、言わば、医療保険のがんバージョンでした【表1】。

　当時の日本は、がん患者への病名告知が避けられていた社会で（告知率は10％程度）、家族にがん患者がいることすら隠そうとしていた時代でしたから、がん保険の発売には大変なエネルギーをつかったことは想像に難（かた）くありません。しかし、がん保険は日本のユーザーのニーズにマッチし、販売は急速に拡大しました【表2】。現在では、給付金の支払いもアフラック1社で年間3000億円を超え、累積支払い額も6兆円を超えています【図1】。

2. その後の販売拡大

　がん保険には、アフラック以外にも参入する会社が増えましたが、当時の大蔵省の裁量行政により、医療保険やがん保険の販売は中小や外資系の生命保険会社に限られました。大手生命保険会社は、営業職員制度を取っていましたから、死亡保険の特約として販売するか、死亡保険金付三大疾病保険を販売することで販売上の境界が区分されていました。その後、日本版金融ビッグバンで大手生命保険会社でも、損害保険会社でも医療保険やがん保険が販売できるようになったのです。また、2007年には銀行においても販売ができるようになりました。販売のチャネルは確実に増え、現在はネット専用の保険会社でもがん保険が販売されています。

　現在では、がん保険の新契約販売件数が年間3000件を超える会社が16社にまで増えています（インシュアランス平成26年版統計号）。

【表1】 アフラックの初期の商品と現在の販売商品のスペック比較

給付金名	がん保険（1974年）	Days（2016年）
入院給付	○	○
通院給付		○
診断給付		○
診断給付金複数回		○
手術治療給付		○
放射線治療給付		○
抗がん剤治療給付		○
がん先進医療給付		○
がん先進医療一時金		○

【表2】 アフラックのがん保険の契約数

年度	契約件数
昭和50年	3万件
平成元年末	1000万件超
平成26年末	1500万件超

昭和49年販売開始
出典 ディスクロージャー紙（【表1】,【表2】）

【図1】 アフラック年度別支払証券数推移

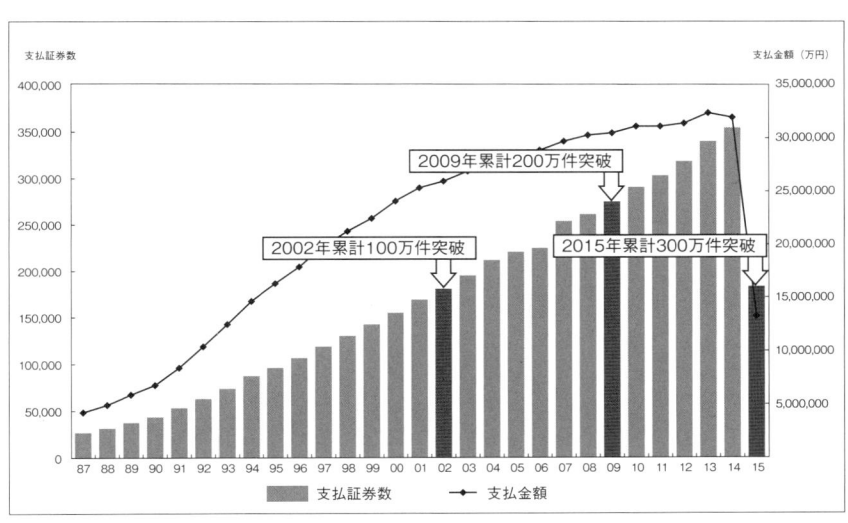

※同一証券で複数の年度で給付があった場合、それぞれの年度に計上しています。

出典：2015年8月27日 ニュースリリース

◆ がん保険とは

「がん」などに限定した疾病を対象に保障を提供する商品は、「特定疾病保険」と呼ばれます。現在、様々な商品が販売されていますが、二大基幹商品としては、「がん保険」と「三大疾病保障保険」が存在します。「がん保険」はアフラックが昭和49年に販売を開始し、後者は、「がん」「急性心筋梗塞」「脳卒中」を保障する商品として生命保険業界の共通商品として販売されています。いずれも、現在では、各社が様々にアレンジして消費者にサービスを提供するようになっていますが、いずれも「がん」を保障する部分が含まれています【表3】。

両者には様々な違いがありますが、基本的なコンセプトの違いは、【表4】に示した部分です。「がん保険」は、他の商品や三大疾病保障保険と異なり、「がん」のみを保障することで、廉価で、多くの方に保障を提供できるようになっています。国民病であり、また闘病中、本人にもその家族にも負担が大きいがんを安価で保障してもらえることは消費者にとって大きなメリットがある商品です。医療保険は、保険でなくても貯蓄があれば保障は不要だという意見も聞かれますが、「がん」に関しては、医療実態を知ればがん保険の必要性は理解できるはずです。一方、「がん」のみを保障するために、商品上様々な契約管理や募集上の特性や注意点があります【表5】。

詳細は、それぞれの章で解説いたしますが、「がん」という表現で保障される疾病の範囲も会社により異なります。またがん保険の主契約も、がん診断一時金給付や入院給付金を主契約にする商品とそれ以外のがん治療（抗がん剤・放射線など）への保障を主契約にする商品に大きく分かれています。

【表3】 様々な特定疾病保障保険

がん保険
三大疾病保障保険
生活習慣病特約
保険料払込免責タイプ保障
団体信用生命債務免除保障

【表4】 コンセプトの違い

	がん保険	三大疾病保障保険
保障対象	治療費保障	重大疾病保障
給付タイプ	特約方式	一時金方式

【表5】 がんを単独で保障する特徴と特殊性

安い価格で多くの方に保障を提供できる
特約の充実で、医療実態に合わせた保障を提供できる
単独疾病の保障なので契約管理・募集に特徴
がんという疾病に対する知識の専門性が保険会社・募集人に必要

がん保険と保険営業

「がん保険」は、特殊な商品です。すなわち、第三分野商品の中でも「がん」という疾病のみ保障するという究極の特定疾病保障保険です。

「がん保険」は特殊で覚えることが多い保険です。長年保険販売に携わっている方でも「がん」については勉強し続けなくてはなりません。何をどこまで覚えればよいのか悩んでしまっている方も多いのではないでしょうか。「がん保険」の販売を直接担当される募集人の方々に対して、商品の説明をする保険会社の社員がどれだけ「がん」を理解し、勉強しているのか甚だ疑問です。

しかし、「がん保険」が対象とする「がん医療」は、日本の医療問題のほぼ全てにかかわっています。したがって、がん保険の販売は、医療保険の販売にもつながります。すべてはがん保険販売の応用問題だからです。

がん保険を通じて、

　　・療養の全般について

　　・主な治療について

　　・患者の負担について

　　・医療の各種制度について

　　・患者として社会生活を送るうえのハンディキャップについて

これらの項目について勉強してみると、「がん保険」のみならず第三分野商品の販売の意義も実感できるはずです。

がん医療の問題は、日本の医療問題の縮図です。

がん保険の販売を勉強すれば
それ以外の第三分野商品の販売にも
応用できるしょう。

◆◆◆ がんとは

1. 生物学的特徴

「がん保険」における「がん」という言葉の定義は、重要なので別の章で解説いたしますが、医学用語としては、「悪性新生物」を意味します。また消費者が考える「がん」のイメージも「悪性新生物」です。日本では毎年35万人が「悪性新生物」で死亡することがよく知られています。では、何故このように多くの方が死亡されるのでしょうか。その問いに答えるためには、「がん」という病気の生物学的特徴を理解しなくてはなりません。

「がん」という病気は、腫瘍です。人体は60兆個ほどの細胞で形づくられています。それらの細胞の増殖分裂をコントロールしている機構が異常を来し、勝手な増殖を抑制・排除する機構とのバランスが崩れると、腫瘍が誕生します。そして、細胞のDNAに異常が重なると腫瘍の細胞が周囲に染み込むように増殖する浸潤や、発生した部位と異なる臓器に拡がって増殖する転移が見られるようになります【図2】。たった一つの、僅か数ミクロンから数十ミクロンの小さな細胞の異常が、60兆倍の大きさの人の生命に関係する特徴を有することになるのです。このような生物学的特徴が、悪性新生物の特徴で、これが原因で生命を維持する重要な臓器の機能が不全になり多くの方が死亡します【表6】【表7】。

2004年に米国のスミソニアン博物館で収蔵されている恐竜の骨の化石のレントゲン検査が行われました。その検査で「がん」の浸潤転移により骨が侵食された痕跡が見つかっています。数ミクロンの細胞の異常が、巨大な恐竜の生死に関係していたことがわかったのです。すでに、大古から地球の生物には「がん」という病気が存在していたことがわかったのです。

【図2】 細胞の増殖

がんの増殖アクセル　⇔　がんの増殖制御（ブレーキ）機構のバランスの崩れ

腫瘍性の増殖＋遺伝子に異常

悪性新生物の生物学的特徴（浸潤・転移）

【表6】：生物学的特徴

浸潤	1.周囲の組織に染み入るように増殖 2.腫瘍と周囲組織の境界が不明瞭 3.周囲臓器を圧排（あっぱい） 4.血管やリンパ管のある場所まで拡がると転移につながる
転移	1.原発臓器から離れた場所の臓器に拡がって増殖 2.血管やリンパ管経由で拡大 3.原発臓器と同じ臓器の別の部位に転移する場合もある

【表7】：転移と浸潤の影響

1.治療してもがん組織の取り残しによって再発
2.周囲の正常（健常）組織への後遺症（失語症、麻痺、放射線障害）
3.重要臓器の機能不全による様々な身体症状
4.進行すると機能不全で死亡

2. 死因統計

「がん」（本書では特別に付記が無い場合、「がん」は「悪性新生物」を意味して使用します）は、1981（昭和56）年に日本人の死因の第1位になりました。とともに三大疾病といわれた、心臓病、脳血管疾患の順位も3位まで独占状態が続いてきましたが、平成23年に肺炎が3位になり、脳血管疾患が4位になる順位の変更がありました【表8】。

このような変動はありましたが、年間35万人以上の方が「がん」で死亡し、三大疾病も合わせると（全死亡者数の）50%以上の方が死亡しています。死亡数は、死亡診断書で正確に登録されてきたため統計が整備されていましたが、残念ながら日本ではがんの発生（罹患）統計が未整備なまま続いてきました。ようやく2016（平成28）年1月から全国がん登録が法律上始まることになりました。今後は、これまで以上にがん患者の全体像について正確なデータが整備されることになるでしょう。なお、法律上のがん登録は、悪性新生物に限定されていない上に、保険約款上の「がん・ガン」とも一致していませんので、募集における説明には注意が必要です[1]。

さて、死因の順位に変動があったように、部位別の「がん」の死亡数や罹患数（推計値）にも増減つまり流行り廃りがあるのです【図3】。1981（昭和56）年当時多かった胃癌や子宮頸部癌は減少し、肺癌（部位に限定する場合は「がん」ではなく「癌」という表記を使用します）の死亡数が増加しました。このような部位別のがんの発生動向には、ライフスタイルが大きく影響していると考えられています【表9】。特にタバコの影響はよく知られていますが、最近では、一部の事業所に集積発生したがんの報告がマスコミの話題になるように職業上の「がん」罹患リスクも知られています【表10】。

このような、ライフスタイルを考慮したがん対策は、「がんの一次予防」と呼ばれ、がん検診は、「がんの二次予防」になります【表11】。公衆衛生的に実施される「がん対策」は、死亡数の多い部位の「がん」や、罹患数の多い部位の「がん」に重点がおかれています【表12】。

死亡保険を販売している保険会社は死亡率に影響する死亡数に関心があるはずで、どの部位のがんの死亡数が今後増加するのか減少するのか予測しなければなりません。一

---

[1] 全国がん登録の法律上の「がん」として届出が必要な悪性新生物以外の病名は、がん登録等の推進に関する法律施行令第一条により、上皮内新生物、脳腫瘍、消化管間質腫瘍、卵巣腫瘍の一部:基準は国際疾病分類腫瘍学（2012年改訂版）に準拠とすることが決まっている

【表8】　死因順位と順位の入れ替わり

死因	H23年	H22年
がん	357,305（1位）	353,499（1位）
心臓疾患	194,926（2位）	189,360（2位）
脳血管疾患	123,867（4位）	123,461（3位）
肺炎	124,749（3位）	118,888（4位）
不慮の事故	59,416（5位）	40,732（5位）
自殺	28,896（6位）	29,554（6位）
その他	363,907	341,518
総数	1,253,066	1,197,012

出典　国民動態統計

【図3】　部位別死亡数の推移

人口10万対
部位別がん年齢調整死亡率の推移（男性）

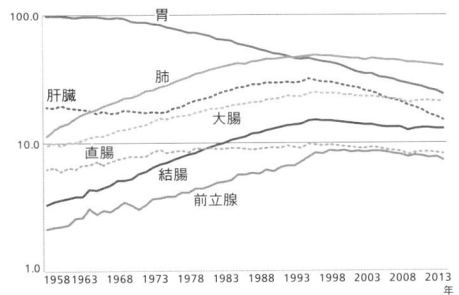

人口10万対
部位別がん年齢調整死亡率の推移（女性）

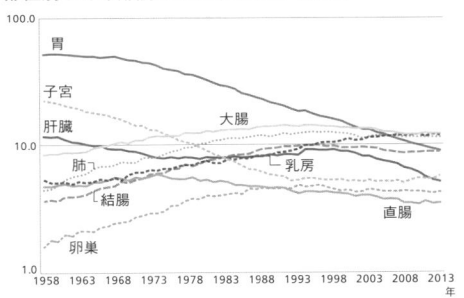

出典　厚労省国民動態統計に関するHPより転載

23

方、「がん保険」は基本的に生存中に給付金を受け取る保険ですから、死亡数よりも罹患数の動向に関心が高くなります。もちろん、喫煙を含めたライフスタイルの罹患への影響と動向は関心が高くなりますが、とりわけ重要なのは性別です。がんの罹患には性別が大きく影響しているので、がん保険には男女別の保険料を採用している会社が存在するのです。

【表9】　ライフスタイルと発がん

胃癌	冷蔵庫の普及、物流の改善で塩蔵品等の塩分摂取低減
子宮頸癌	家庭における入浴設備の普及

【表10】　報道され注目を浴びた職業がん

平成24年には印刷事業所の従業員に胆管癌集団発生報道
平成26年アスベスト被害と労災認定訴訟における最高裁判決報道
平成28年福井の化学工場で従業員に膀胱癌集団発生報道

【表11】　がん対策予防一次、二次、三次

一次予防	がんを予防するライフスタイル
二次予防	がん検診
三次予防	積極的治療

【表12】　国が推奨する5部位のがん検診

肺癌	40歳以上1年に1回胸部X線、喫煙者は喀痰細胞診も併用
胃癌	40歳以上1年に1回胃X線検査
大腸	40歳以上1年に1回便潜血検査
乳癌	40歳以上2年に1回触診とマンモグラフィー（X線検査）
子宮頸癌	20歳以上2年に1回子宮頸部の細胞診検査

がん療養の三大負担

「がん」に罹患すると患者とその家族は、突如として様々な環境変化により大きい負担を背負うことになります。負担の種類は大きく分類すると【表13】の3つですが、その負担の程度はがんの部位、進行度を基本にする治療方法の差のみならず、それまで生活してきた家庭の内外の状況に大きな影響を受けます。肉体的負担は、医療機関で治療を受けることにより緩和されますが、「がんの告知」後暫くの間多くの患者が経験する精神的負担には特徴があり、【図4】のようなパターンが知られています。中には、うつ病と診断されることもあるほど精神的に重度の症状が見られることもあります。最近は、リエゾン※2チームの取り組みや病院の相談室、様々な患者会のサポートなどにより、支援活動が徐々に根付いてきています。

　これらの負担に民間保険が直接手を差し伸べることはできませんが、経済的負担に対しては民間保険が有効です。【表14】は、がん患者への調査で、回答をされた方の70%近くが、経済的負担感を訴えていることがわかります。「がん保険」はまさにその部分に特化した保険で、急性期の治療費用保障に重点がおかれています。最近の高額化するがん医療が、患者の家庭経済を直撃し、公的保険が適用されていても費用が払えず最適な治療を諦めてしまう患者も出てきているのが現状です。

　また、若い共働きの家族では、配偶者の闘病により人生設計が大きく歪んでしまう事例も報告されています。

※2　リエゾンとは、精神的問題を医師、看護師、心理カウンセラーなどチームで対応する医療

【表13】患者の負担

身体的（肉体的負担） 精神的負担 経済的負担（治療費負担、生活費負担・就業問題）

【図４】　精神的負担　悪い知らせの後にたどる経過

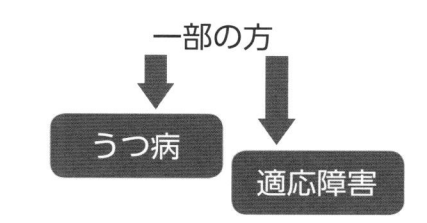

悪い知らせ（病名告知・進行・余命）

衝撃の時期（直後から１週間）

不安・抑うつの時期（１～２週間）

適応の時期（１～２週間）

一部の方

うつ病　　適応障害

【表14】Ｈ23（2011）年調査　経済的、その他の負担感の率

経済的な困りごと（69％）	医療費負担
	貯蓄の減少
	収入の減少
社会面での負担（60％）	仕事の喪失
	趣味・生き甲斐の喪失
	定期受診の煩わしさ

出典：研究代表者濃沼信夫厚生労働科学研究費補助金の研究報告書　平成24年3月

がんの患者の経済的自己負担

　東北大学大学院医学系研究科公衆衛生学分野の濃沼信夫教授が主任研究者として「がん患者の自己負担」について厚生労働省で研究（調査）を行っています。保険会社が独自に実施しているアンケート結果と異なり、国の費用で実施されたオフィシャルな研究です（民間会社が実施しているデータもありますが、作成者バイアスのため信頼性の面で評価ができません）。2010（平成22）年の報告書から、【表15】【表16】に結果をまとめて表示しました。

　この調査は数年間連続して行われました。各表に提示した単年度のデータだけで患者の経済的負担を全て評価するわけには行きませんが、患者の平均自己負担額は101万円になっています。

　患者の負担額は、治療に関する直接費用とそれ以外の間接費用に分けられます。また、高額療養費制度の利用など償還費や民間からの給付により患者の実質的な負担額は変わります。間接費用には民間保険会社への保険料も集計されています。実際に民間保険の給付を受けることができた44.8％の患者は、自己負担のほとんどが給付により賄われたことがわかります。

　報告書によれば、治療には入院した人で、平均136万円かかり、民間保険料を除くと入院の療養費が47.5％、外来診療が16.4％、そして交通費を含めたその他の費用が36.1％という自己負担の内訳になっています。民間保険からの給付（平均10万円）がいかに役立っているかがわかると思います。また通院給付金も一定額は保障されてもよいのでしょう。

　部位別に負担額を見たものが【表16】ですが、明らかに部位別に費用負担が異なることがわかります。

【表15】　2009（平成21）年調査 自己負担内訳　（単位万円、粒子線治療者を除く）

	診断後	サバイバー診断後7年
平均負担額(対象平均)	101.1	29.9
直接費用		
入院費	52.5 （該当者74.4％）	27.5 （該当者44.2％）
外来費	18.1	
交通費	4.5	
間接費用		
健康食品・民間療法	21.8 （該当者56.8％）	11.6 （該当者6.6％）
民間保険料	25.5 （該当者85.0％）	15.6 （該当者54.5％）
その他	13.6	
償還・給付額	62.4	13.5
民間保険給付金	101.1 （該当者44.8％）	73.4 （該当者14.9％）
高額療養費	28.5 （該当者52.7％）	15.2 （該当者13.1％）
医療費還付	8.8	

出典:研究代表者 濃沼信夫 厚生労働科学研究費補助金の研究報告書　平成22年

【表16】　2009（平成21）年調査 部位別年間自己負担額 （粒子線治療者を除く）

	胃癌	大腸癌	肺癌	乳癌	子宮癌	前立腺癌
負担年額	76.6万円	97.4万円	102.0万円	77.0万円	90.0万円	75.3万円
償還額	50.1万円	70.6万円	67.2万円	48.2万円	73.3万円	26.1万円

出典:研究代表者 濃沼信夫 厚生労働科学研究費補助金の研究報告書　平成22年

国民医療費の動向

1. 医療費総額

2014（平成26）年の医療費総額は40兆円を超えました【表17】。表で見ると毎年増加を続けていることがわかります。診療報酬改訂や医療制度の改正などで多少伸び率に増減はありますが、対前年で大体2％〜3％の伸びを示しています。

2. 医療費の内訳とがん医療費

一年間の国民一人当たりの医療費ですが、年齢が高くなるほど医療費も高くなり、男性よりも女性の方が高くなっています【表18】。収入は減るのに、医療費は高くなるという切実な事情がデータから理解できます。「がん」を含む新生物に係る医療費は循環器系疾患の次にかかっています【表19】。

3. 自然増の内訳

経済情勢などに関係なく国民の医療費は毎年増え続けています。これを自然増と呼び、毎年2％〜3％の伸び率で、その内訳を表したのが【表20】です。これを見ると高齢化の影響とその他の影響が拮抗している年度もあれば、その他の方が大きい年度も見られます。医療費を増加させるその他の要因として最も影響が大きいと考えられているのが医療技術の進展です。高度な医療技術の普及は医療費を高騰させているのです。

患者が入院するような治療やがん患者のように高度な医療技術を用いる場合には、医療費の単価が高くなり影響が大きくなります。

【表17】 医療費の推移（単位兆円）

平成22年度	平成23年度	平成24年度	平成25年度	平成26年度
36.6	37.8	38.4	39.3	40.0

出典：平成26年度 国民医療費の動向より http://www.mhlw.go.jp/topics/medias/year/14/dl/iryouhi_data.pdf

【表18】 国民一人あたりの年間医療費（単位千円）

年齢	男性	女性
0～14	160.8	137.7
15～44	101.3	127.9
45～64	297.4	257.3
65以上	772.0	688.8
全年齢	310.6	318.6

【表19】 平成25年度　傷病分類別医科診療医療費上位5位

	推計額（億円）	構成割合（%）
総数	287,447	100.0
循環器系の疾病	58,817	20.5
新生物	38,850	13.5
筋骨格・結合織	22,422	7.8
呼吸器系の疾病	21,211	7.4
外因	20,466	7.1
その他	125,682	43.7

出典：http://www.mhlw.go.jp/toukei/saikin/hw/k-iryohi/13/index.html【表18】,【表19】)

【表20】 自然増の内訳

	平成17年度	平成19年度	平成21年度	平成23年度	平成25年度
①医療費の伸び率	3.20%	3.00%	3.40%	3.10%	2.20%
②高齢化の影響	1.80%	1.50%	1.40%	1.20%	1.30%
③その他	1.30%	1.50%	2.20%	2.10%	1.10%

（人口の増加や診療報酬の改定の要因が原因で②+③＝①とはなりません。）

出典：財政制度分科会平成27年4月27日資料より作成。その他は人口増減、高齢化の影響を除いた部分で、主に医療の高度化の影響を反映。

# 高額化する医療費と高額療養費制度

　国民医療費の解説でも述べたように、高度医療技術の普及により医療費の単価が高額化しています【表21】。幸い日本には、保険適用部分に関しては、高額療養費制度というセーフティネットがあるため、医療費破産をせずに済む医療環境が整備されています。すなわち、医療において経済格差が大きくならないように、平等に医療が受けられるようなシステムが機能しています。しかし、最近の医療費の高額化を反映して、高額療養費の総額は急速に進展しています。厚労省も、【図5】のデータをもとに入院単価の増加の現状を説明しています。

　一方、高額療養費の収入基準の上限について常に医療制度改革で議論され、小泉政権では上限が引き上げられ、安倍政権でも改正されています。すなわち、セーフティネットの機能が脆弱になっています。

　さらに、今後は高額療養費の対象にならない保険外の費用負担（保険外併用療養費対象医療、法定負担など）が拡大する見込みです。

　がん患者の経済的負担を増やす最大の原因は、がん医療技術の進展で、医療が個別化（オーダーメイド化）し、結果として、抗がん剤の価格が高騰している背景があります。抗がん剤をめぐる環境の変化については、別章で解説しますが、医師へのアンケート調査によれば、1ヵ月の間に入院患者で1.5人、外来の患者で1.6人が経済的理由で治療方法の変更または治療の中止をしているという結果があり、その原因は、最近使用されている新規の抗がん剤という報告です（研究代表者　濃沼信夫　厚生労働科学研究費補助金の研究報告書　平成24年）。

【表21】　医療費高額化の現状

●医療における経済格差が現実になっている
●高額療養費の改革で患者負担は増加する
●保険適用外負担が増加する
●抗がん剤が原因で、医療費の高額化が急速に進展している。

【図5】　高額療養費の伸展推移

国民医療費、高額療養費の指数変化

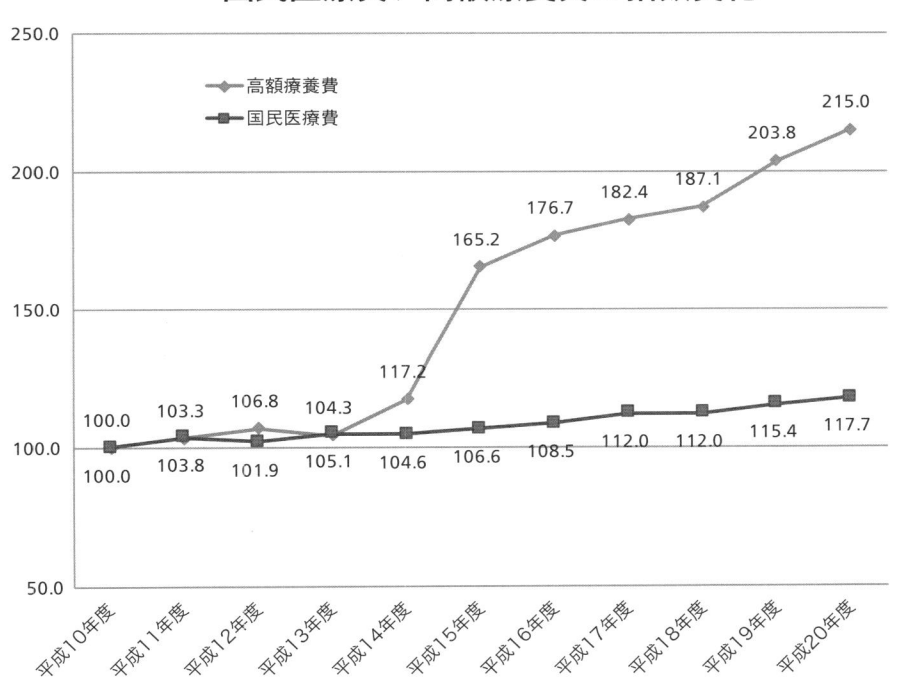

出典　社会保障審議会医療保険部会資料（平成23年10月12日）

知っておくべき公的医療制度

1961（昭和36）年に「国民皆保険」が制度化され、1973（昭和48）年には制度の内容が充実し、公的医療保険制度が完成しました。すなわち医療財政、公平に医療サービスを提供する仕組みが完成し、結果として世界から評価されるUHC[3]を達成できたのです。

充実した公的医療保険制度の周辺で、民間保険は公的保険を補助する機能を果たしてきたわけですが、現在進行中の各種医療制度改革では、民間保険の役割が変化することも考えられます。したがって、日本の医療制度の概要を理解しておく必要があるでしょう。

日本の医療制度の骨格は、以下のとおりです[4]。

1. 医療の主たる財源は社会保険方式（全て租税の国もある）
    - その他、患者負担と公費負担がある
    - 公的医療保険は大きく被用者保険と国民健康保険の2制度である
2. 医療機関の多くは民営（ただし非営利）で、医療サービスが提供されてきた。
    - 自由開業制とフリーアクセス
3. 公的医療保険制度におけるサービスは原則、医療の現物給付である【表22】。
4. 患者負担は定率負担、高額負担をカバーする高額療養費制度が整備されている。
5. 医療機関のサービス価格をコントロールする管理制度が機能している。
    - 診療報酬点数表・薬価基準・特定医療材料基準
    - 現物給付の対価としてのレセプト請求とレセプト審査制度
6. 公的医療保険制度を利用する場合の混合診療は、保険外併用療養費制度以外には認められていない。

このような基本的な事項を理解しながら、常に民間保険の位置づけを考えておく必要はあるでしょう。特に、第三分野商品を扱う上では重要です。

---

[3] UHC（ユニバーサル・ヘルス・カバレッジ）とは、全ての人が生涯を通じて必要な時に質が担保された基礎的な保健サービスを負担可能な費用で享受できる状態

[4] 島崎謙治著『医療政策を問いなおす』（筑摩書房、2015年11月）

しかし、顧客との対話で重要なポイントは、【表23】の部分の特徴になります。

【表22】 公的医療保険の主要現物給付

現物給付内訳	内容
診察	
薬剤給付	
保険医療材料の支給	手術縫合糸、カテーテル等
入院療養	看護ケア
入院時の食事	入院時食事療養費 入院時生活療養費
必要な医療	検査・手術・リハビリ等

注:もちろん一部現金給付もある（出産一時金など）

【表23】 消費者にとって重要な公的医療保険制度の特徴

●フリーアクセス（自由度） ●一定水準の現物給付（公平性） ●公定価格の診療費（平等性）

注:選定療養費の法定負担化、フリーアクセス制限など制度変更の検討が進んでいる。

❖ がんの医療環境と医療制度の各種変化

　現在、各種医療制度の見直しが進んでいます。詳細の解説は本書の目的ではないのでここでは割愛しますが、各論を勉強したい方は成書が多数出版されていますので自習してみてください。

　一言で「がん」の医療環境と言っても非常に多様ですから、患者の療養の時期別に項目を【表24】に提示しています。現時点では【表24】の通りですが、これから中身がどんどん変わると思います。

　提示した項目は、各種政策議論と専門家の審議会等での議論が続けられています。前項（34ページ）で述べたUHCを達成した公的医療保険制度は、高度成長期に創設され、2025年問題を前に、現在早急かつ広範囲な見直しが続けられています。また、人口構造や長生きリスクも医療制度の見直しに大きな影響を与えています。

　民間保険会社は、これらの政策議論の是非はともかく、川下にある実際の療養現場にどのような影響があるのか、患者とその家族に具体的にどのような負担があるのか見極めることが必要です。政策議論は錯綜し、全体を見渡して各論の動向を見極めるには、普段からこれらの情報に接しておく必要があります。もちろん、政策議論だけでは、より良い保険の開発はできません。医療の現場や、患者の声に耳を傾けることも重要でしょう。

【表24】 がん患者の療養に関係する各論

```
＜患者の自己負担＞
 1.高額療養費制度見直し議論
 2.混合診療の拡充議論
 3.受診時定額負担（選定療養の一部法定負担化）
 4.セルフメディケーション推進に伴う医療費控除の改正議論
 5.薬剤費の見直し（ジェネリック医薬品推進、門前薬局制限など）
＜個別診療＞
 1.受診抑制と保険免責議論
 2.未承認薬利用環境の整備と混合診療の拡充
    ・患者申出療養
    ・日本版CU制度（拡大治験）の導入
 3.専門医制度の改正、新専門医制度の発足
 4.先端医療の開発と臨床応用の推進
＜医療提供＞
 1.急性期
    ・2次医療圏におけるがん診療機関の整備と進捗
 2.急性期後
    ・がん患者リハビリテーション料が算定されるような患者の療養施設の不足、病床機能の報告制
     度と回復期病床の不足
 3.在宅療養
    ・地域包括ケアシステムの推進と地域別実効度格差
    ・5疾病5事業の推進
    ・病病連携、病診連携の充実
    ・かかりつけ医、かかりつけ薬局、健康情報提供薬局の創設とその効果
    ・45歳未満の患者の場合、介護サービス利用は自己負担になること
    ・介護保険制度の見直し、要介護2以下のサービス提供の見直し論議
    ・介護費用の自己負担の定率から所得別負担への見直し
```

※表に記載できない個別テーマは多々行政機関で議論されている。

がんの療養と主な診療報酬点数

がん療養に関して様々な診療報酬が算定されています。代表的なものを例示します。

【表25】. 入院基本料に関係するもの

A226−2 緩和ケア診療加算（1日につき）400点
A226−3 有床診療所緩和ケア診療加算（1日につき）150点
A232 がん拠点病院加算（入院初日）
　1 がん診療連携拠点病院加算
　　イ がん診療連携拠点病院 500点
　　ロ 地域がん診療病院 300点
　2 小児がん拠点病院加算 750点
A310 緩和ケア病棟入院料（1日につき）
　1 30日以内の期間 4,926点
　2 31日以上60日以内の期間 4,400点
　3 61日以上の期間 3,300点

【表26】. 医学管理に関係するもの

B001 特定疾患治療管理料
　22 がん性疼痛緩和指導管理料
　　1 緩和ケアに係る研修を受けた保険医による場合 200点
　　2 1以外の場合 100点
　23 がん患者指導管理料
　　1 医師が看護師と共同して診療方針等について話し合い、その内容を文書等により提供した場合 500点
　　2 医師又は看護師が心理的不安を軽減するための面接を行った場合 200点
　　3 医師又は薬剤師が抗悪性腫瘍剤の投薬又は注射の必要性等について文書により説明を行った場合 200点
　4.24 外来緩和ケア管理料 300点
B001−2−8 外来放射線照射診療料 292点
B001−7 リンパ浮腫指導管理料 100点
B005−6 がん治療連携計画策定料
　　1 がん治療連携計画策定料1　　750点
　　2 がん治療連携計画策定料2　　300点
B005−6−2 がん治療連携指導料 300点
B005−6−3 がん治療連携管理料
　　1 がん診療連携拠点病院の場合 500点
　　2 地域がん診療病院の場合 300点
　　3 小児がん拠点病院の場合 750点
B005−6−4 外来がん患者在宅連携指導料 500点
B010 診療情報提供料（Ⅱ）500点

【表27】　在宅療養に関係するもの

C000 往診料 720点　その他夜間。緊急往診等加算　2,700点-325点
C001 在宅患者訪問診療料（1日につき）
　1 同一建物居住者以外の場合 833点
　2 同一建物居住者の場合 203点
　6 在宅で死亡した患者の在宅ターミナルケア加算　5,000点-3,000点
C002 在宅時医学総合管理料（月1回）
　在宅療養支援診療所又は在宅療養支援病院　5,400点-660点
　在宅療養支援診療所又は在宅療養支援病院以外　3,450点-510点
C003 在宅がん医療総合診療料（1日につき）
　在宅療養支援診療所又は在宅療養支援病院　2,000点-1,495点
C005 在宅患者訪問看護・指導料（1日につき）
　1 保健師、助産師又は看護師（3の場合を除く。）による場合
　イ 週3日目まで 580点 ロ 週4日目以降 680点
　2 准看護師による場合
　イ 週3日目まで 530点 ロ 週4日目以降 630点
　3 悪性腫瘍の患者に対する緩和ケア又は褥瘡ケアに係る専門の研修を受けた看護師による場合
　1,285点
C008 在宅患者訪問薬剤管理指導料
　1 同一建物居住者以外の場合 650点
　2 同一建物居住者の場合 300点
C108 在宅悪性腫瘍等患者指導管理料 1,500点
C108-2 在宅悪性腫瘍患者共同指導管理料 1,500点

出典:平成28年3月4日厚生労働省告示第52号より抜粋

　今後、在宅療養は、「在宅療養支援診療所」が中心になり、また急性期の治療を受けた病院からは、「地域クリティカルパス」としてがん治療連携計画に従い地域で治療を継続することになります。

注 手術料・処置料・検査料等の診療報酬点数は割愛しています。
注 具体的な在宅療養費用は、第3章「在宅療養の事例と費用」（92ページ）を参照してください。

第2章

がん保険と約款

❖ 「がん・ガン」の定義

　民間保険は、公的保険のような「法定給付」とは異なり、保険証券・約款に従って個別契約を取り交わし、その契約内容に従いサービスが履行されます。

「がん保険」も個別的保障金額や保障日額は別にして、保険事故の詳細は「約款」に全て記載されています。顧客と異なり、募集人の方々が比較し、推奨する商品については保険のプロとして約款を理解しておかなければなりません。契約事務に関係する部分は、各社ほぼ一様で大きな相違点はありません。また、金融庁の審査でも厳しくチェックされているので、会社別の格差で比較すべき点は多くはないはずです。しいて挙げるとすれば、責任開始期、復活の有無、自殺免責期間などです。

　ところが、給付に関する保険事故と各種給付条件は、「約款主文」「別表」「備考」や「補則」まで全て目を通さないと正確な商品の理解はできません。さらに厄介なのは「第三分野保険」の提供は医学と密接に関係しており、約款には医学的な記載も多く含まれています。なかでも「がん保険」は、最も医学的な記載が多く、非常に難解なものが存在します。

　商品の作り込みをすればするほど、また医学的正確さを詳述すればそれだけ約款は難しく高度になり、消費者のみならず、保険募集人の理解すら得られない商品になっていきます。しかし、医学は明確でない部分もあり保険商品としてトラブルのない給付をするためには、ある程度医学的な記載は避けられません。結局、バランスが重要になるのです。

　さて、がん保険を理解する上で、第一歩が「がん」「ガン」の定義になります。特に悪性と上皮内の新生物の定義です【図6】。次項で少し詳しく見ていきましょう。

【図6】　定義は重要

悪性新生物か否かで、保障の必要性も異なる

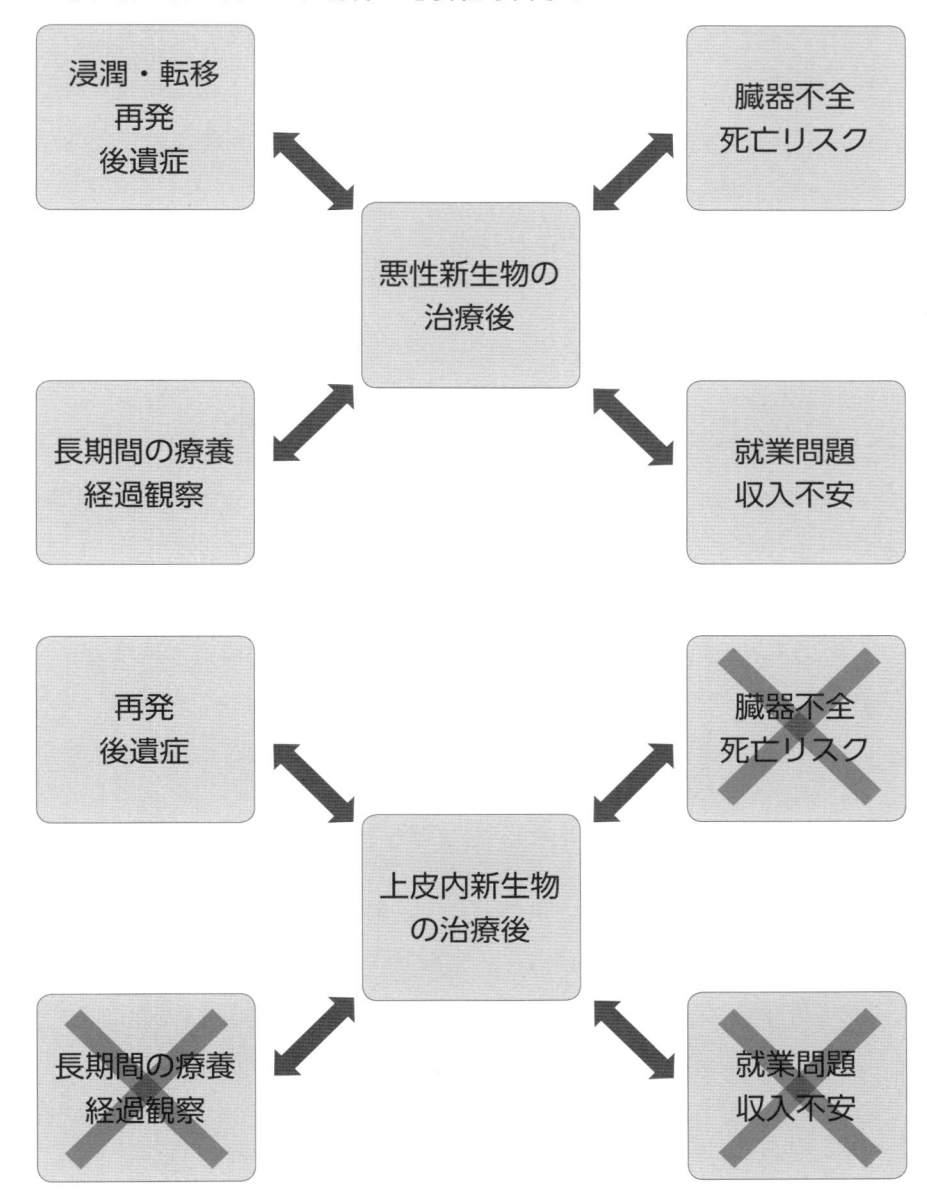

◆ 2種類の「がん」「ガン」

「がん」という用語は、医者のみならず一般の方も使用します。医学の世界では、国を問わず「がん」という用語は、「悪性新生物」を意味します。重要な点は、「前癌病変」や「上皮内新生物」は含まないということです。

上皮内新生物を「がん」と表現すると

- ●過剰な不安を患者に与える
- ●過剰な治療を誘発する

という問題があるのです。WHO（世界保健機関）も大腸の教科書の中でこのような懸念を明記しています。

日本もWHOの加盟国です。したがって、できるだけ「がん」という表現は慎重に使用すべきです。

同様に、医者が診療の説明上、医者の責任において、「上皮内新生物」を「初期がん」と説明することはありますが、保険募集の資材や説明で使用することは適切ではありません。早期の「ステージⅠ」の悪性新生物を保障していない商品があるかのような他社商品の不良誤認を消費者に与える問題が生じます。このような、用語の適正使用に関しても商品比較推奨の判断基準の一つになるでしょう。

さて、以上の前提を理解していただいた上で、「がん保険」を眺めてみると、当然ですが、商品名にも約款にも「がん」あるいは「ガン」という用語があふれています。ところが問題は、約款をよく見ると、「がん・ガンの定義」という条文に

- ●「がん（ガン）とは悪性新生物を意味します」
- ●「がん（ガン）とは、悪性新生物および上皮内新生物を意味します」

という2種類の定義があることがわかります。前者は、世界的な医学常識に沿った定義ですが、後者は約款上の造語としての「がん（ガン）」が用いられています。当然、後者は金融庁の認可を受けているといえどもWHOの見解にも一致しない用字・用語です。造語により、悪性新生物と上皮内新生物を一緒に取り扱えるという約款作成者の技術的問題は本質的な話ではありません。このような造語により、上皮内新生物に対して、重篤疾病のイメージや重度の治療が必要であるかのような誤解を募集人の方々に与え、結果として消費者に、そのような疾病イメージを与えたのは事実でしょう。これでは、

擦り傷話法販売と批判されるでしょう（本書の取扱い関する注意点の項参照）。

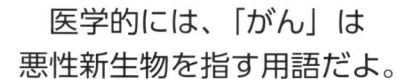

医学的には、「がん」は
悪性新生物を指す用語だよ。

上皮内癌を、がんと混同しないように
営業してもらわないと困るね。

消費者の不安をあおるような募集は厳禁だ。

患者に過大な不安を与えたり
過剰な治療の弊害があるからね。

WHO の分類

「新生物」は、「腫瘍」とも言い、多種多様な「腫瘍」が存在します。子宮筋腫も腫瘍です。したがって、腫瘍の中で給付の対象になる「がん」は何か基準が必要になります。がん保険の約款を見ると「がんの定義」という条文が見られ、具体的には別表に基準が記載されていることがわかります。少し基準の別表を覗いてみましょう。

【表28】を見てください。難しい用語が並んでいますが、厚生労働大臣官房統計情報部編、「疾病、傷害および死因統計分類提要ICD-10（2003年版）準拠」と書かれています。すなわち、WHOの分類ICD-10が基準に用いられています。

【表29】を見てください。厚生労働大臣官房統計情報部編「国際疾病分類　腫瘍学第3版」と記載されています。これもWHOの分類ICD-O第3版が基準に用いられています。

　このようにWHOの分類2種類が基本的に使用されています。2つの分類を用いることで、給付する腫瘍は、悪性新生物または上皮内新生物が判別され、支払いが明確になるのです。腫瘍は、良性腫瘍を含め大きく4種類に分けられますが、がん保険に関係するのは、その中で悪性新生物と上皮内新生物になります【表30】。

　最近の各社の約款では、【表28】や【表29】のようにICD-10とICD-Oの両者が明示されるようになりましたが、かつての約款はICD-10しか定義に使用されていない商品が多く、医学的には曖昧な定義になっていました。この曖昧さ故、支払い時のトラブルにつながる懸念があったのです【図7】。

【表28】　がんの定義に関連した別表の第1項　（ICD-10）

対象となるがん（ガン）とは、「悪性新生物」とし、次に定めるものとします。
悪性新生物とは、平成21年3月23日総務省告示第176号に定められた分類項目中下記のものとし、分類項目の内容については、厚生労働大臣官房統計情報部編「疾病、傷害および死因統計分類提要ICD-10（2003年版）準拠」によるものとします。

出典：各社の約款から基本的記載内容を筆者が改編転載

【表29】　がんの定義に関連した別表の第2項　（ICD-O）

第1項において、悪性新生物とは、新生物の形態の性状コードが悪性と明示されているものをいい、厚生労働大臣官房統計情報部編「国際疾病分類　腫瘍学　第3版」に記載された形態の性状コード中、新生物の性状を表す第5桁コードがつぎのものをいいます。

出典：各社の約款から基本的記載内容を筆者が改編転載

【表30】　4種類の新生物（腫瘍）と性状コード（/0、/1、/2、/3、/6、/9）

・良性新生物　　　　　　　/0
・性質不詳の新生物　　　　/1
・上皮内新生物　　　　　　/2
・悪性新生物　　　　　　　/3、　/6、　/9

出典：国際疾病分類-腫瘍学

【図7】　2タイプの約款が存在

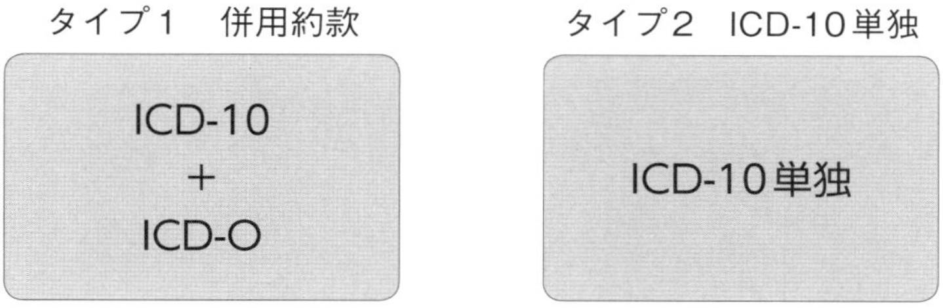

タイプ1　併用約款　　　　　　タイプ2　ICD-10単独

ICD-10
+
ICD-O

ICD-10単独

上皮内新生物・上皮内がん・異形成

　「悪性新生物」と「上皮内新生物」の定義は約款に記載されています（WHOの分類、47ページ【表28】【表29】参照）。

　「がん・ガン」には「上皮内物」が含まれている商品がありますが、がん保険を扱う募集人の方ですら、悪性新生物と上皮内新生物に同じような医学的リスクがあるかのように理解している方がいらっしゃいます。もし、そのような理解で保険を販売すれば、上皮内新生物のことなど全く関心のなかった多くの消費者は、理解の浅い募集人の誤った説明を信じてしまうことになります（これが、擦り傷話法です。本書の取扱いに関する注意点の項を参照してください）。

　募集人には少なくとも、以下の点の理解が必要になります。

●上皮と粘膜の違い

●悪性新生物と上皮内新生物の違い

●上皮内新生物と上皮内がんの違い

●異形成とは

などの医学的な理解がなければ、正確な保障の説明はできないはずです。決して、保険金部の社員だけが知っていればよいという知識ではありません。そうでなければ、販売している商品の理解もせずに、商品を提供していることになります。

　「この保険には、ロードサービスが付いています。良い保険ですよ」と自動車保険を販売する代理店の方で、ロードサービスが何か、わかっていない方はいないでしょう。

　ですから、募集人の方々への医学的事項を含めた営業教育が重要です。ところが、残念なことに各社のオフィシャル・ホームページ、パンフレット、しおりを見ても、「上皮内新生物」の解説、図説がない会社がほとんどです。

上皮と粘膜の違い
悪性新生物と上皮内新生物の違い
上皮内新生物と上皮内がんの違い
異形成とは

わかっているのかな？

これからは
営業教育が重要だね！！

OHP、しおり、パンフに
解説、図説もないよ……
お客様は医学の素人だから
図説は必須でしょう！

ここからは、少し紙幅を割いて、「悪性新生物」と「上皮内新生物」について解説をしていきます。

　ポイントは、上皮内新生物は、「WHOの分類」で説明したように、悪性新生物と上皮内新生物は全く異なること。その基準は基底膜を越える浸潤（しんじゅん）の有無です（大腸だけは別基準）。基底膜を越える浸潤がなければ生命へのリスクはありません。また治療も簡便で療養の負担も少なくて済みます。

1. 悪性新生物との違いは？

- ●WHOの分類が異なる。
- ●生物学的特徴が異なり、浸潤がない。浸潤すれば悪性新生物に分類されます。
- ●病変発見後は切除され放置することはないので死亡の危険は非常に小さい。
- ●療養の負担は、通常比較的に簡単な治療で済み、治療後の長期間の通院もありません。

など大きく違っています【表31】。

2. どの部位に多いの？

　大腸、子宮頸部、膀胱、乳腺などです【表32】。

【表31】 悪性新生物と上皮内新生物の違い

	悪性新生物	上皮内新生物
WHOの分類	ICD-Oの性状コード/3	ICD-Oの性状コード/2
生物学的特徴	浸潤・転移あり	浸潤・転移なし
生命への危険	あり	なし
治療負担	大きい	原則小さいが部位による

【表32】 主要部位別全国罹患数（推計値）2010年 がん対策情報センター

男女合計	上皮内新生物含まず	上皮内新生物含む	上皮内新生物
全部位	805,236	869,687	64,451
食道	21,427	23,112	1,685
大腸	118,997	143,708	24,711
肺	107,241	107,355	114
皮膚	14,863	18,319	3,456
乳房	68,071	76,041	7,970
子宮頸部	23,367	40,480	17,113
膀胱	19,219	28,621	9,402

出典　全国がん罹患モニタリング集計2010年報告【表2】4、27より筆者作成

注：子宮の上皮内新生物は全件、子宮頸部の部位で登録されており、子宮頸部の悪性新生物の罹患者数は10,737である。

3. 放置するとどうなるの？

　発見すると切除するのが一般的です。従って、放置するとどうなるのか正確な自然経過はわかりません。一部浸潤するもの、一部は自然治癒するもの、そして変化しないものと考えられています【図8】。古いデータですが、約12%程度が浸潤するという報告があります。

4. 再発しないの？

　全て切除できていれば再発（遺残再発）はありません。乳腺組織の乳管は複雑で再発があり得るため、時に乳腺を全て摘出することがあります【図9】。

【図8】　上皮内新生物の放置した場合の自然経過（浸潤がんへの伸展は多くない）

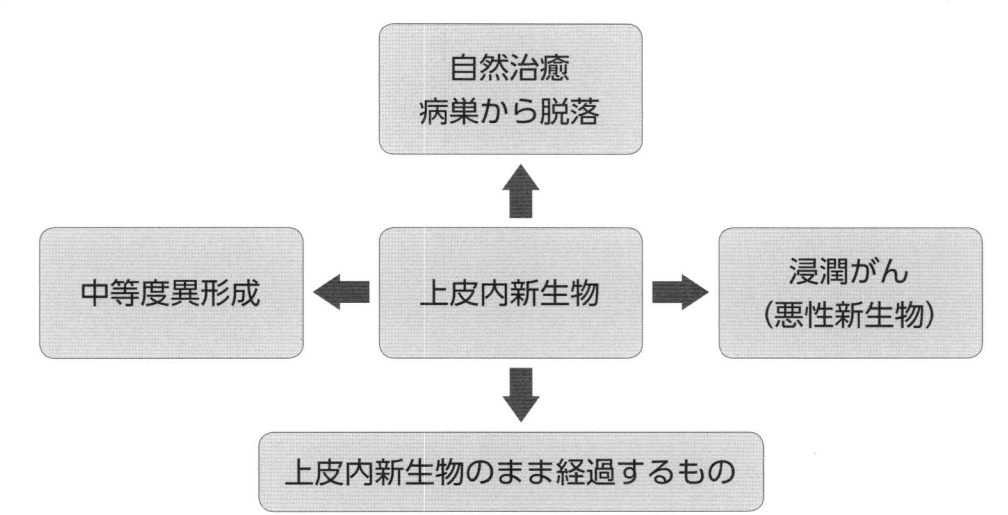

出典：OstorAG,Int.J.Gynecology Pathol.1993:12:186-192より筆者作成

※注意：上皮内新生物は治療されるので、自然経過を観察することはではできません。

【図9】　再発の違い

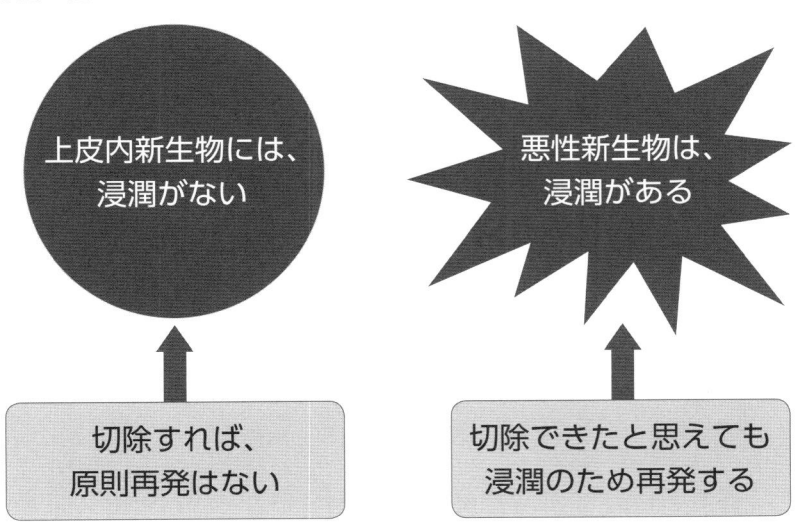

5. 粘膜と上皮の違いは

【図10】を見てください。粘膜の一部が上皮です。この部分の誤った記載が過去パンフレットや、募集資材に多数見られています。

6. 異形成とは

顕微鏡で病変を観察した際の病理組織の専門的な所見です。

細胞の異型（顔つきが正常と異なること）、構造異型（細胞が集合している組織の構造に異常が見られること）が見られますが、基底膜を越えるような浸潤はありません。

異型の程度により、「軽度」から「高度」まで分類されますが、いずれも上皮内の所見です。

「中等度」「高度異形成」は前癌病変と考えられ、「軽度異形成」は、腫瘍以外の変化としても見られることがあります。

専門学会の用語集から【表33】に「異形成」の解説を転記します。

【図10】 消化管の組織（上皮の種類も複数あり、粘膜の構造も臓器で異なります）

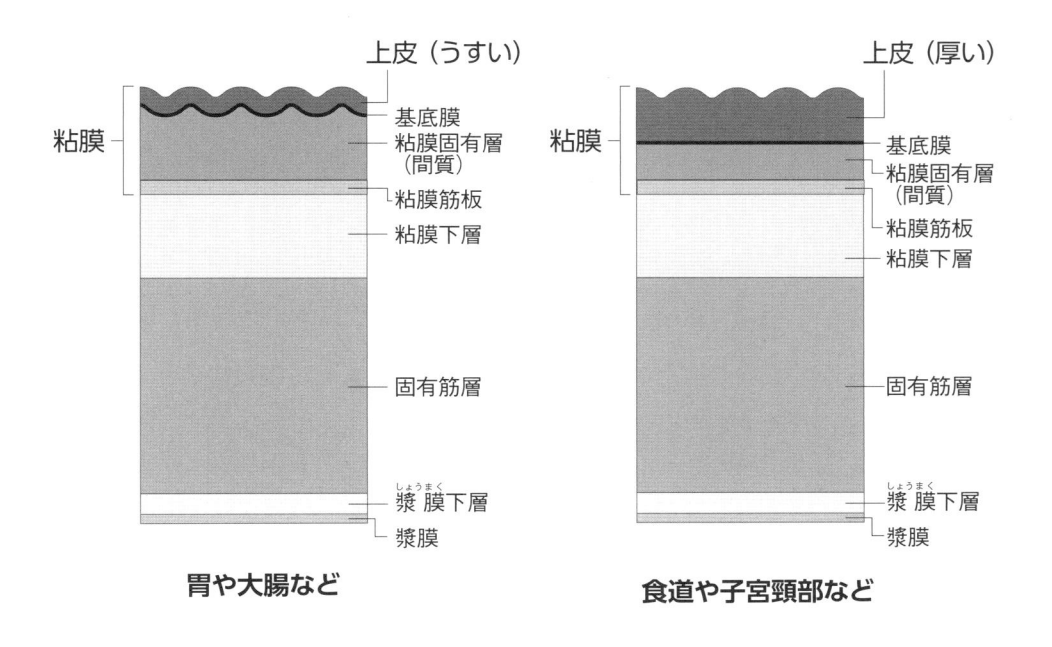

胃や大腸など　　　　　　食道や子宮頸部など

> このように組織は複数の層構造になっている
> 一般に馴染みのない専門用語が多い。

※注：がんには、上皮から発生するものが癌腫とよばれ、図の上皮以外から発生すれば肉腫に分類されます。癌腫も肉腫も悪性新生物です。

【表33】 「異形成」の用語解説（日本癌治療学会　用語集2011）

細胞異型、構造異型を示すが、基底膜を破壊せず、上皮内に限局する増殖性の病変である．一般には核は大型化、濃染し、核小体が目立ち、核細胞比が大となり、脱分化の傾向を示す。言葉で表現すれば上皮内癌の所見と同じだが、異型度が軽度で癌と確定できないものとしている。変性性、反応性、修復性病変にも細胞異型、構造異型をみることがあり、その鑑別には注意を要する。そして、中・高度の異型を示すものを前癌病変としている。異形成状態という言葉は扁平上皮性の病変に用いられることが多いが、最近では腺腫性の病変や前白血病状態にも用いられるようになった。
　腫瘍性のものは上皮内新生物(intraepithelial neoplasia)と呼称される。とくに扁平上皮では用いられ粘膜上皮の全癌を置換するものは intraepithelial neoplasia high grade、非全癌性のものは low grade とされる。
　腺腫は単クローン性、腫瘍性であるのに対し、異形成は腫瘍性と限らないので、混同すべきではない。病理医により、また臓器により異形成の定義が異なることがある。例えば．欧州では結腸の腺腫や腺腫内癌を含めて異形成と呼び,肝では変性性の異型細胞を異形成細胞といっている。

7. 上皮内新生物、上皮内がん、高度異形成の関係は

ICD-10では、「上皮内新生物＝上皮内がん＋高度異形成」と定義されています【図11】。

子宮頸部以外の臓器でも同じルールです。

もともと、上皮内がんと高度異形成の鑑別の精度が高くないので、高度異形成と上皮内がんをまとめて上皮内新生物としているのです。

※上皮の細胞の層が重なっている臓器に主に当てはまる考え方です。

一方、胃や大腸など上皮の細胞が重なっていない臓器もあり、図説の誤りが保険会社のホームページなどで見られました。

※医的証明書の病理所見が、「上皮内新生物」と記載されているのに、給付金支払いのために「上皮内がん」か「高度異形成」の区分を医療機関に照会している会社があるそうです。上記の医学的背景を無視した問題のある対応でしょう。

8. 粘膜内がんとは

【図12】をみてください。「上皮内新生物」と「粘膜内がん」は異なります。

●上皮内新生物＝基底膜を越えて浸潤していない

●粘膜内がん＝粘膜筋板を越えて浸潤していない、腫瘍細胞は粘膜層にとどまる状態

※胃の粘膜内がんは、悪性新生物
　大腸の粘膜内がんは、例外的に上皮内新生物に分類されている！！
　大腸の粘膜内がんは、日本独自の取り決めで「早期大腸癌」に含まれるため支払いトラブルが見られる
※「粘膜内がんは、上皮内新生物です。悪性新生物の給付金の対象になりません」といった誤説明が、しおりや募集資材に見られます！！

【図11】 子宮頸部の病変模式図

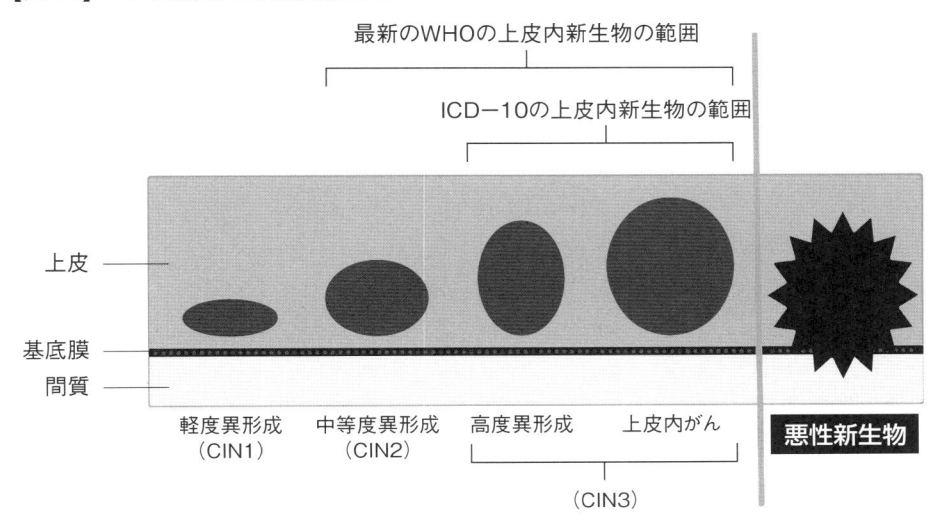

最新のWHOの上皮内新生物の範囲

ICD−10の上皮内新生物の範囲

上皮
基底膜
間質

軽度異形成　　中等度異形成　　高度異形成　　上皮内がん
（CIN1）　　　（CIN2）

悪性新生物

（CIN3）

※注意（重要）：このような模式図が、しおりや募集資材に表記されることがあるが、
胃や大腸は、上皮のタイプが異なるので、注意すること。誤った図説が多い！

【図12】 粘膜内がん

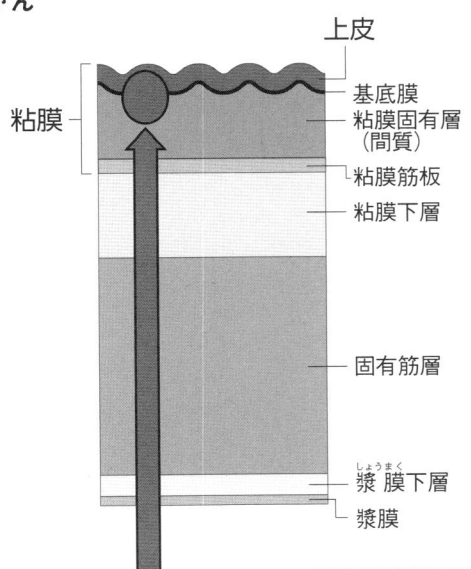

上皮

粘膜

基底膜
粘膜固有層
（間質）
粘膜筋板
粘膜下層

固有筋層

漿膜下層
漿膜

粘膜内がん：粘膜筋板を越えない
胃の粘膜内癌→悪性新生物
大腸の粘膜内癌→上皮内新生物 （大腸だけ例外的分類）

9. 支払い時のトラブル 「悪性新生物」でないものを「がん」と説明する医師がいるのは何故？

「主治医にがんと言われたから、悪性新生物給付金相当額を支払ってほしい」という請求があり、調べてみると上皮内新生物のケースがあります。

●前癌病変をがんと説明する医師

●上皮内新生物を浸潤前がんと考えている医師

●日本のルールで早期大腸癌に上皮内新生物が含まれているため

●日本独自の乳癌取扱い規約では、悪性新生物に上皮内新生物の非浸潤性乳管癌が含まれているため

このような理由で、悪性新生物でない場合でも、主治医が悪性新生物であると説明しているケースが見られます。

10. 乳腺と上皮内新生物

乳腺の上皮内新生物の代表は、非浸潤性乳管癌です。全乳腺腫瘍の10％から20％程度の比率で見られます。以前は、乳腺の複数の場所から多発している可能性が考えられるため乳房の全摘出が実施されていましたが、最近は乳房温存術が取り入れられるようになりました【表34】。最近はマンモグラフィーで小さいうちに発見されるようになっています。非浸潤性乳管癌は、基底膜を越えた浸潤がないので死亡のリスクはありません。一方、乳管は複雑な形態で取り残しがあると再発します。

※この例の早期大腸癌に分類される大腸の上皮内新生物は、大腸カメラで比較的簡単なポリープ切除だけで治療されています。身体的、経済的負担はほとんどありません。「がん」と説明していることが問題なのです（大腸癌取扱い規約参照）。

【表34】　乳腺の上皮内新生物の治療

乳房全摘＋ホルモン剤 乳房温存術＋放射線治療＋ホルモン剤

上皮内新生物を理解していただくために、かなり長い説明になってしまいました。これでも十分な説明とは言えないのですが、あとは、読者の皆さんが各自理解を深める努力をなさることを期待します。

　募集人の方は以下の2つのことをご理解下さい。

1．悪性新生物とは患者の負担が異なるので、保険の必要性が異なることを顧客に説明しなければならないこと（逆の説明は厳禁！）
2．以上のことを考えた上で、上皮内新生物の保障の必要性を募集人として考えるべきであること

---

11. 上皮内新生物の保障は必要か？

　悪性新生物と上皮内新生物が同じリスクだと考えるならば、上皮内新生物の保障の厚みは、比較推奨の基準になります。

　万一、上皮内新生物の保障は、女性疾病特約や医療保険で十分だと考えるならば、上皮内新生物の保障の厚みは、比較推奨の基準になりません。

保険の募集人の実力が試されます。
保険会社からの一方通行の説明で
納得しているようでは問題です。
ご自分で考えてください。

「お客様にとって必要な保障とは何か」

がんの進行度、ステージ

固形腫瘍の進行度を示す指標として、国際対がん連合（UICC）が、TNM分類を作成し公表しています【表35】【図13】。これまでに6回の改版が行われ、現在は第7版が最新版となっています。従来の治療は、臓器別と進行度別に標準的治療方法が推奨されており、これが診療のガイドラインとして臨床医に普及しています。

一般に固形癌の進行度は四段階のランクに区分されています。ステージIVは遠隔転移がある状態で、ステージIは原発の部位に悪性新生物が局在しています。

ステージI→ステージII→ステージIII→ステージIV

（早期＜・・・・・・・・・・・・・・・・＞進行期）

各版の違いもあります。また、同じ版のTNM分類も厳密に言えば、頭文字が"c"、"p"、"s"の三種類が存在しています。

さて、保険による保障が必要な重度のがんに対する、がんの重症度（進行度）の代替視標として、TNM分類の利用が考えられます。しかし、がんの進行度とがんの重症度には保障の必要性の面で違いがあることを理解しておかなければなりません【表36】。患者の重症度は連続的で、単なるTNM分類の進行度による段階給付には、慎重に考えるべきです（重い負担のある患者に手厚い保障が必要であることは自明です）。

また、生存率と関係する進行度は余命告知に関連します。がんの告知と余命告知は、異なります。がん告知率が100％近くになっても余命告知は必ずしも同率ではありません。すなわち、がんであることは告知されていても、病気が進行していることは知らされていないことがあるのです。

【表35】　TNM分類の３要因

T因子：部位別に腫瘍の大きさや浸潤の深さによる区分
N因子：リンパ節への転移とその広がりや程度による区分
M因子：遠隔転移とその広がりや程度を診断し分類

【図13】　TNM分類の図解

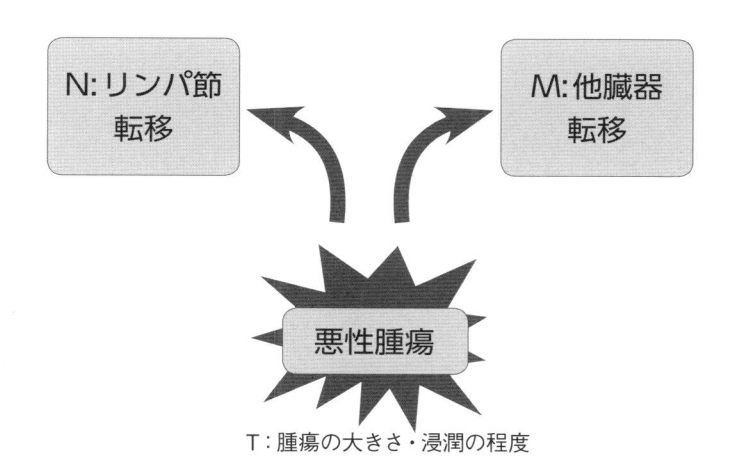

T：腫瘍の大きさ・浸潤の程度

【表36】　TNM分類を商品設計に使用する際の注意点

・がん取扱い規約と一部乖離がある。
・TNM分類には三種類ある。
・初期の診断検査中にTNMの評価は変化する。
・T,N,M、それぞれの因子の診断基準がない。
・TNM分類は、治療の必要性や治療方法とは関連、末期を除いて介護状態が必要な重症度とは別の視標。
・TNM分類による進行度は生存率と関連し、余命告知と関連する。
・がん告知率と進行度告知率は、乖離がある。

注：TNM分類を使用する上では、様々な問題が指摘され、TNM分類はUICCの実質的作業部隊である米国がん学会が作成した生存率の差で区分をした人為的基準です。

がんの診断確定

「悪性新生物」や「上皮内新生物」の定義とWHOの分類基準は、既に解説したとおりがん保険の約款上非常に重要です。

　患者を診察し、がん診断を確定するためには幾つかの種類の検査が実施されます【表37】。当然、がんの診断のためにどの検査結果を優先して採用するのかは、臨床医学的な話になります。

　さて、約款を見ると多くのがん保険は、責任開始後のがんの診断確定が給付条件に入っています。ここで重要になってくるのは「診断確定」とは何かです。「がんは悪性新生物を指す用語であること」が世界的な医学的コンセンサスであるように、「がんの診断確定は、病理組織所見」が世界的な医学のコンセンサスです。科学的に病理組織診断を凌駕する診断精度を有する検査が、いまのところ無いからです。また、それ以外の検査を診断確定に用いれば、診断の質に医療機関、医師ごとに差が出ることになります。

　したがって、保険約款上もこのような医学の標準的な見解に合わせておくべきです。

　病理組織所見を優先せずに、その他の検査を安易に認めれば給付のバラつき、契約者間の不公平性が問題になるでしょう。

　もちろん、病理組織所見が得られない場合もあります。初診時に既に末期がんの方や、腫瘍の部位が脳、膵臓などで、組織検査が行えない場合などです。したがって、確定診断は、病理検査所見を優先すべきですが、所見が得られない場合は、それについての医学的な理由が重要です。「血便が出たので、大腸癌の診断で保険請求」では、問題ですね。

　なお、病理組織検査以外に分子生物的検査が応用される時代が到来することが予想されています。各種の腫瘍マーカーや遺伝子検査などが含まれています。がん保険の約款もこのような医学の進歩に合わせた対応が、いずれ求められるでしょう。

【表37】　多種類の検査所見

●問診所見
●理学的診察所見
●血液検査
●単純なレントゲン写真
●超音波検査
●精度の高い画像検査（CT、MRI）
●PET検査
●細胞診検査
●病理組織検査⇔確定診断

その他の検査で診断を
認める約款は支払いで
トラブるよ！

確定診断は、病理組織所見であることは、
医学の世界のコンセンサスだ！

病理組織検査以外の検査で診断を認めるなら、
病理検査が実施できない医学的理由が重要。

◆ 難しい給付判断

「がん保険」の給付金支払いは他の商品と異なり、「がん」だけを支払い対象としているので、難しい給付判断が求められます。「がん」と「がん以外」の判別です【図14】。

1.「がん」の該当可否

「がん」の該当可否判断ですが、約款には、「がん」の定義があるので、請求された病名が約款に該当する「がん」なのか否かを判断しなければなりません。

　例① 「病理の検査をしていないけれど、主治医ががんと説明したから支払ってよ」

　例② 「悪性髄膜腫*という病名だから支払ってよ」

　①②はいずれも、このままでは支払うことができない事例です。

＊「悪性髄膜腫」という病気の一部には悪性新生物ではない腫瘍も含まれます。

2.「がん」の治療を直接の目的とする入院・手術

「がん」の治療後、軽快して退院する前日に脳卒中を発症してその治療ために継続入院になることがあります。このような場合、脳卒中の入院部分を給付するわけにはいきません。約款には、入院給付金の給付条件として「がんの治療を（直接の）目的とする入院」と記載されています。このような脳卒中の事例（例③）では判断が比較的容易でしたが、実際はがんの入院とがん以外の入院を区別することが難しい事例が多数あります。

　例③ 肝臓癌で手術した後に合併していた肝硬変症が悪化して入院が長くなった。

3. その他

「がん」とそれ以外の判別の問題以外で、よく判断に困るのが、がん手術の該当可否と給付倍率です。「がんの根治術」と「その他のがんの手術」あるいは「ファイバーやカテーテルによる手術」のいずれに該当するのか判断が求められます【図15】。

　例えば、胃カメラで胃癌を切除した場合など、いずれの手術に該当させるか否かで給付金の額が異なる保険もあります。判断の目安となるような補足説明が約款の備考にあればトラブルになることはありません。そのあたりが商品の質と言えるでしょう。

【図14】　難しい給付判断１：「がんとがん以外」、「がん治療とがん治療以外」

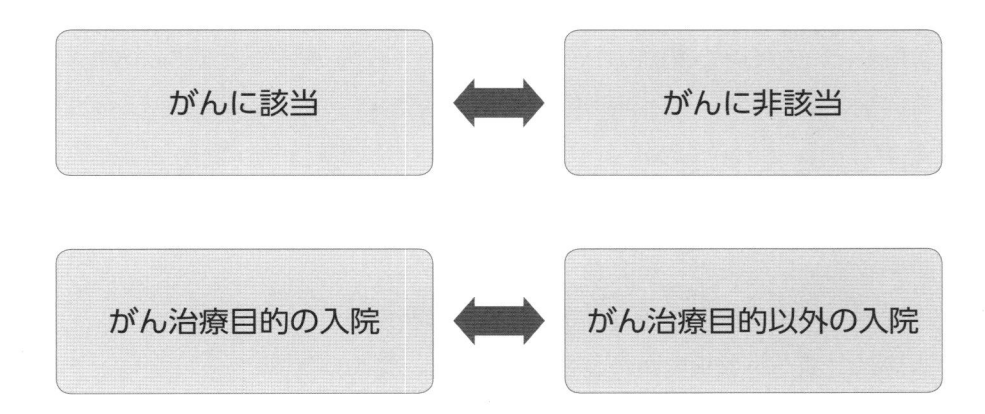

【図15】　難しい給付判断２：胃カメラで胃癌の手術

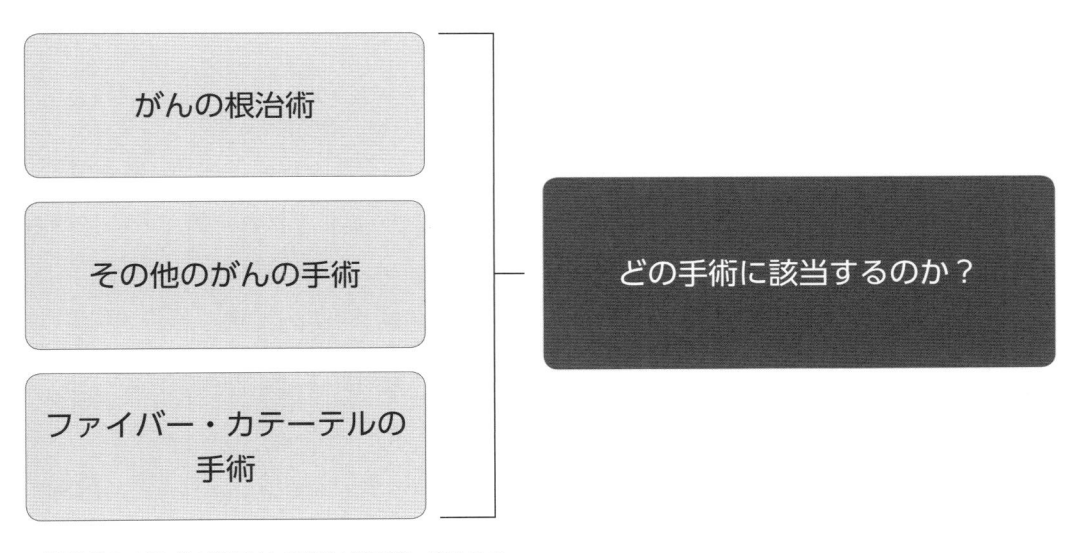

※「根治術とは」などの説明がある約款が質が良い商品です。

逆選択を防止する特有の規定

「がん保険」は、責任開始後初めて「がん」の診断確定があることが支払い条件の基本になっています。したがって、一度でも「がん」の診断を受けた方は、がん保険には加入できません。「がん」リスクのある方の一部には、加入しようとする逆選択が見られます。これを防止する約款上の規定が３種類あります。

① 告知義務

② 待ち期間（90日または３カ月保障の開始を遅らせる）

③ 無効規定（責任開始前のがん診断確定の場合、契約は無効）

それぞれの規定は、逆選択のいくつかのタイプに対してそれぞれ逆選択防止機能の効力を発揮します。具体的には【表38】のとおりです。

① 告知義務

検診の異常指摘を受けて受診した場合、給付金請求時に告知義務違反による契約解除が可能です。

② 待ち期間

自覚症状がある方が、受診前にがん保険の加入を申し込む場合があります。この場合、受診していないので告知義務の対象外です。このような逆選択リスクを防ぐために待ち期間が設けられています。

③ 無効規定

知・不知に関わらず責任開始前に「がん」の確定診断が出れば、契約は無効です。払った保険料の返金方法は、【表39】のとおり知、不知で分かれます。

【表38】 逆選択防止規定

規定	一般的な規定		がん保険に特有の規定（※）	
	告知義務		待ち期間	無効規定
逆選択のタイプ	検診で異常の指摘があり医療機関で検査中であることを隠して加入する方		自覚症状があるのに、医療機関を受診せずに、がん保険を先行して加入する方	がんの既往を隠して加入する方

出典：筆者作成、※三大疾病保障保険でも悪性新生物の一部に待ち期間規定あり

【表39】 無効規定の運用

知の場合	不知の場合
一般に約款の規定で、告知義務違反よりも無効規定の運用を優先して適用されます。 保険料は返金されません（最近は、解約返戻金相当を返金する会社もあります）。	保険料払込相当額を返金します。

「がん保険」の加入時告知書

1.「がん保険」特有の告知

「がん保険」は、罹患の知・不知にかかわらず、責任開始前に診断が確定されると無効になる商品です。したがって、加入の際の告知書には、がん保険特有の質問が必要になります。

『これまで、がんにかかったことはありますか』

　不知の方の加入防止はできませんが、この質問により、罹患したことを知っている方には無駄な契約の締結と契約後の無効処理を防止できます。通常の保険商品の告知書は、概ね過去5年の傷病歴について告知を求めていますから、これと比較して考えると非常に特殊な告知と言えます【図16】。

2. 注意点

　自分の既往症が「がん（ガン）」に該当しているのか、病名の認識も重要になります。間違った回答をしないように、「がん（ガン）には、白血病、肉腫なども含まれます」などの補足が必要になります【表40】【表41】。

　上皮内新生物の無効規定がある商品は、特に注意が必要です。病名認識のない方が多くいると予想されます。

　筆者としては、上皮内新生物に過剰な保障を提供しているマイナス面が、上皮内新生物の無効規定の存在だと考えています。

【図16】　無効規定と対をなす告知の質問

無効規定

これまでにがん（ガン）にかかった
ことはありますか

【表40】　がん（ガン）の病名認識が問題になりやすい病名の一部

GIST
カルチノイド
骨髄異形成症候群
胸腺腫
多発性骨髄腫

【表41】　子宮頸部の上皮内新生物に該当する病名

高度異形成
CIN Ⅲ、SIN Ⅲ、HSIN、HSIL

※注：中等度異形成、CIN Ⅱ、SIN Ⅱの取り扱いは会社により異なりますが、現在WHOでは上皮内新生物に含める見解を公表しています。

募集資材の不適切解説事例

「上皮内新生物」を保障している以上、顧客に対して「上皮内新生物」の説明が必要になりますが、『約款後方の別表に記載があります』では説明不足も甚だしいと言えます。正しく、わかりやすい解説および図説を募集資材と「しおり」に掲載すべきでしょう。

　雑誌などの保険商品評価では、ほとんど触れられないので優先度が低いかもしれませんが、「悪性新生物」と「上皮内新生物」に関する募集資材（しおり等）による情報提供は重要です。

　　●情報提供していない

　　●情報提供が誤っている

　　●情報提供が医学に誠実でない

などの状態は、医療に深く関係する第三分野商品を販売しているのに医学的管理力が不足していることの現れかもしれません。後述する商品の評価推奨のみならず、販売する会社自体の評価推奨判断材料のひとつになるでしょう。

　さて、業界内の募集資材やオフィシャル・ウェブサイトで掲載されていた不適切事例をいくつか提示します（すでに修正されものも、現在も使用されているものあります）。

（1）上皮内新生物の誤解

> 「粘膜内がんは上皮内がんです。」

　胃の粘膜内がんは、原則「悪性新生物」ですから、この記述は誤りです。

（2）粘膜の説明の誤り

> 「上皮内がん」とは、がんが粘膜の一番上の上皮にとどまっていて、粘膜の一番下の基底膜がまだ破壊されていない状態をいいます。

　粘膜の一番下は、基底膜ではありませんから、この記述は誤りです。

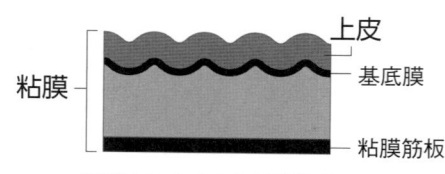

粘膜とは上皮から粘膜筋板に
至る組織のことをいいます。

（３）図説の誤り、胃・大腸粘膜と子宮頸部粘膜の組織構造の混同

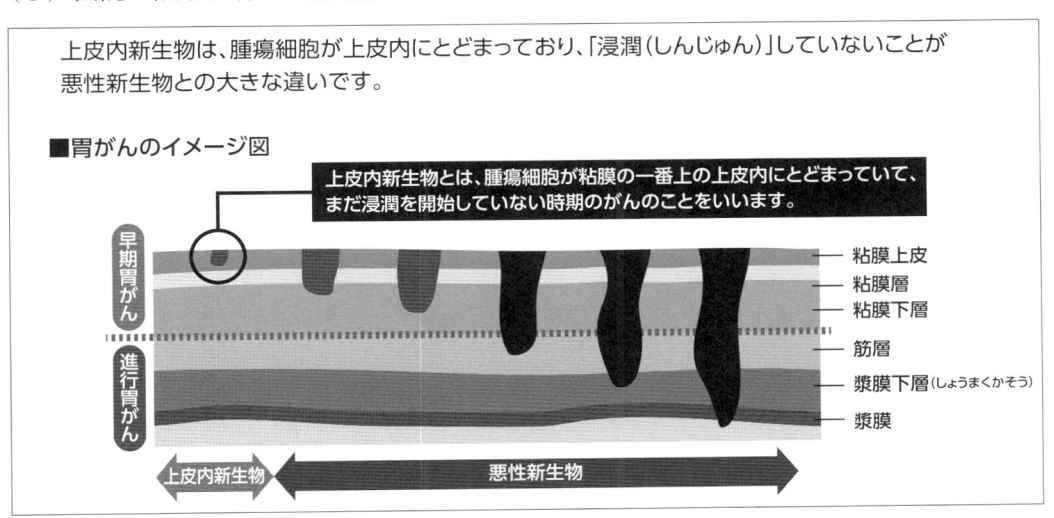

上皮内新生物は、腫瘍細胞が上皮内にとどまっており、「浸潤（しんじゅん）」していないことが悪性新生物との大きな違いです。

■胃がんのイメージ図

上皮内新生物とは、腫瘍細胞が粘膜の一番上の上皮内にとどまっていて、まだ浸潤を開始していない時期のがんのことをいいます。

早期胃がん
進行胃がん

粘膜上皮
粘膜層
粘膜下層
筋層
漿膜下層（しょうまくかそう）
漿膜

上皮内新生物　　悪性新生物

　胃粘膜を事例にした不適切図説（胃上皮は単層円柱上皮のため）です。子宮頸部で解説すればよかったと考えられます。

（４）約款における医学用語の不適切使用

約款別表に「悪性新生物は（医学的）悪性新生物および（医学的）上皮内新生物をいいます。」

　造語の「悪性新生物」と医学用語としての「悪性新生物」を混同しています。

　造語としての「悪性新生物」を使用すべきではないでしょう。

（５）他社商品の不良誤認を誘発する不適切なキャッチフレーズ

募集資材等に「早期がん（初期がん）も保障します。」

　上皮内新生物保障付加を訴求するキャッチフレーズですが、ステージⅠの悪性新生物を保障していない「がん保険」が他社で販売されているような誤解を消費者に与えてしまう可能性があります。「前がん病変の一部も保障します。」が適切な表現でしょう。

　ただし、このような表現を使う場合、「前がん病変」に関する医学的解説が必要です。結局、「上皮内新生物も保障します。」と表記するしかありません。

第3章

がんの治療

外科的治療

がん関連学会で外科治療の専門家が以下のとおり外科治療の変遷を紹介しています。

1. 治療成績向上の時代から非侵襲的治療の時代へ

外科的治療の代表は、手術です。固形がんの治療と言えば、以前は手術が主役でした。根治性を追求して手術の範囲、技量の改善・最適化が研究されていましたが、治療成績の向上の段階を経て治療後の生活の質を確保できるように非侵襲的（痛くない治療、苦しくない治療）あるいは機能温存手術へ、大きく方向性が変わってきています【図17】。「内視鏡手術」や、「腹腔鏡・胸腔鏡」といった「鏡視下手術」が盛んになり、医用工学を応用したロボット支援手術も導入されるようになりました【表42】。

2. 非侵襲的治療から集学的な個別化医療の時代へ

一方、最近の放射線治療の進歩や新規抗がん剤の登場で、手術単独治療から放射線治療や抗がん剤治療を合わせた集学的治療【表43】が、各部位の治療に導入されてきています。

比較的小さな腫瘍であれば、外科的切除がいまだに主役ですが、切除した腫瘍の遺伝子検査により転移再発の確率を検査して、リスクが高ければ抗がん剤を使用するという複合的な治療が乳癌などで行われるようになっています。すなわち、これまでの部位と悪性新生物の進行度（ステージ別）による治療から個別的な治療へ、治療方法が変化しつつあります。

3. 多様な治療方法

肝臓がんに対する「肝臓動脈塞栓術」などの「血管内手術」や「ラジオ波凝固術」等、治療法の手技も多様化しています。

【図17】　外科的治療法の変化

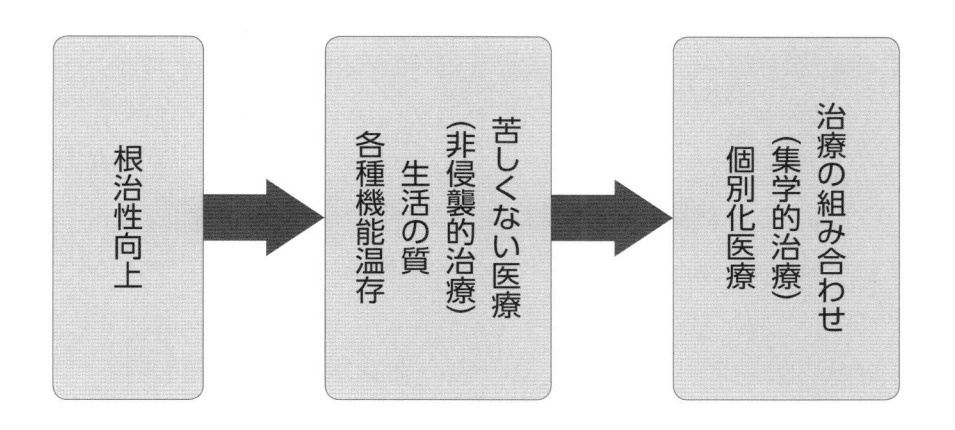

根治性向上　→　各種機能温存　生活の質　苦しくない医療（非侵襲的治療）　→　治療の組み合わせ（集学的治療）　個別化医療

【表42】　治療の多様化、非侵襲的治療

鏡視下手術：EMR、ESD、腹腔鏡下手術、胸腔鏡下手術
　　　　　　ロボット支援手術
血管内手術：動脈塞栓術
その他：ラジオ波凝固術、レーザー手術

【表43】　集学的治療

大腸癌や胃癌の手術不能症例に、化学療法で腫瘍を縮小して手術、腹腔鏡で腹腔内転移の有無を調べて、転移があれば術前に抗がん剤を投与、など手術、その他の治療法を用いた積極的な治療を集学的治療といいます。

◆◆ 放射線治療

近年、医療用の放射線技術は大きな進歩を遂げ、患者の期待も高くなっています。テレビでおなじみの著名人が、「頭頸部癌」「喉頭癌」の治療で機能温存が可能な点を理由に放射線治療を選択したという治療後の報道も聞かれました。もし放射線治療技術がなければ、多くの患者の日常生活は非常に低質で苛酷なものになっていたと思われます。以前は、手術不能例や再発がんなど外科から転科して放射線科を受診することがほとんどで、放射線治療は治療の主役ではありませんでした。ところが、最近では、がん患者の25％が放射線治療を受ける時代になり、がん治療は様変わりしています。

さらに、放射線治療装置にも進歩が見られ新しい治療機器がどんどん導入されています【表44】。放射線治療では、腫瘍以外の正常組織に放射線が照射されることによる副作用（有害事象）で後遺症がみられ、治療後の生活の質が悪化することが知られています。したがって、放射線治療の進歩は、いかに効率よく腫瘍を治療し、後遺症を少なくできるか、照射装置の開発と照射技術の改良の歴史でした。

また、放射線とは別に、皆さんご存知の粒子線治療装置も新しい治療装置のひとつです。粒子線は、先進医療で認められた高額な医療として注目を浴びました。

その間にも放射線の治療技術は進歩し、特に腫瘍だけをターゲットにして周囲の正常組織への照射量を極力減らす「高精度放射線治療」が長足の進歩を遂げたのです。腫瘍はきれいな球形をしているわけではなく、不整形の病巣です。これに対して腫瘍の形に合わせた照射方法が高精度放射線治療で、三次元の照射方法と言えるわけです。粒子線に先駆けて保険適用になっており、粒子線より遥かに安価な治療方法として利用できるようになっています。また最近では、さらに技術が進歩して、四次元照射である動体追尾型放射線治療装置も導入されるようになり、放射線照射時間中の体の動き（どうしても治療中に呼吸性移動があるため）に合わせた放射線照射が可能になっています。

これ以外にも病巣をピンポイントで治療する定位放射線治療の装置としてガンマナイフやサイバーナイフといった治療装置も利用されるようになっています。

本項で説明した放射線技術は、体の外から治療する体外照射治療ですが、放射性物質を病巣や周囲の組織に埋め込み、組織の中から放射線を照射する組織内照射（密封小線源療法）も前立腺癌や舌癌、子宮癌などの部位で利用されています。

さらに、骨転移した「がん」を原因とする「がん性疼痛」にも放射線の利用が進んで

います。従来は、放射線治療と言えばがんの根治を目指す、手術の代替としての治療法でしたが、症状緩和にも使用されるようになっており、治療の適応の範囲も広がっているのです。

　従来、民間生命保険の給付金は、手術給付金の一環として通常の体外照射による、放射線量50グレイ（Gy）以上の場合に給付金が支払われる商品が標準でしたが、治療方法が進歩し現状に合わなくなっています。また手術給付の一部として給付されると、ユーザーには放射線の給付金が付加された商品なのか否かがわかりにくいという問題がありました。

【表44】　主要な放射線治療

体外照射	リナック
	高精度放射線治療（IMRT、IGRT）、動体追尾型放射線治療
	粒子線治療
	定位放射線治療（サイバーナイフ、ガンマナイフ）
組織内照射	密封小線源療法

◆◆ 化学療法

1. 化学療法とは

　専門的には、「化学物質を用いて病原性微生物や悪性腫瘍細胞の宿主生体内での発育を抑制あるいは死滅させる療法、一般的には悪性腫瘍治療時に使われることが多い」と解説されます。抗がん剤以外にも細菌用の抗生物質も含まれます。

2. 抗がん剤には、多数の種類がある

① 従来の細胞傷害性抗がん剤（殺細胞性抗がん剤）
　・細胞の分裂サイクルへの障害、分裂増殖する健康な細胞にも毒性
② 分子標的薬
　・新しい抗がん剤の主役で、これまでと異なる副作用も見られ、かつ非常に高額
　・遺伝子検査などのコンパニオン診断（投与する抗がん剤の治療効果を予め確認する診断検査）による個別化医療の中心をなしている

3. 抗がん剤の治療の現状

　分子標的薬の登場で化学療法治療は大きく変わりつつあり、今後のがん治療の中心になると予想されています（がん治療のパラダイムシフト、88ページ参照）。

　現在では、進行がんの患者にとって必須の治療法であり、副作用を抑える「支持療法」（緩和ケア・支持療法の項、90ページ）も進歩しています。その影響もあり、外来で抗がん剤投与が行われる外来化学療法も普及しています。すでに抗がん剤治療患者の半数は外来通院治療の時代に突入しています。

　最大の問題は、抗がん剤の高額化で、内服薬でも非常に高額な薬剤が出現しています。医療における経済格差の問題の象徴です【図18】。

【表45】　がん医療の選択肢

早期がん	進行がん
手術 放射線 化学療法 緩和ケア・支持療法	化学療法 緩和ケア・支持療法

【表46】　治療の比較

早期がん	進行がん
手術・放射線治療	化学療法
局所治療	多くの場合全身医療
局所の副作用	全身性の副作用
治療は一般的には短期間	治療が長期

【図18】　抗がん剤治療の環境

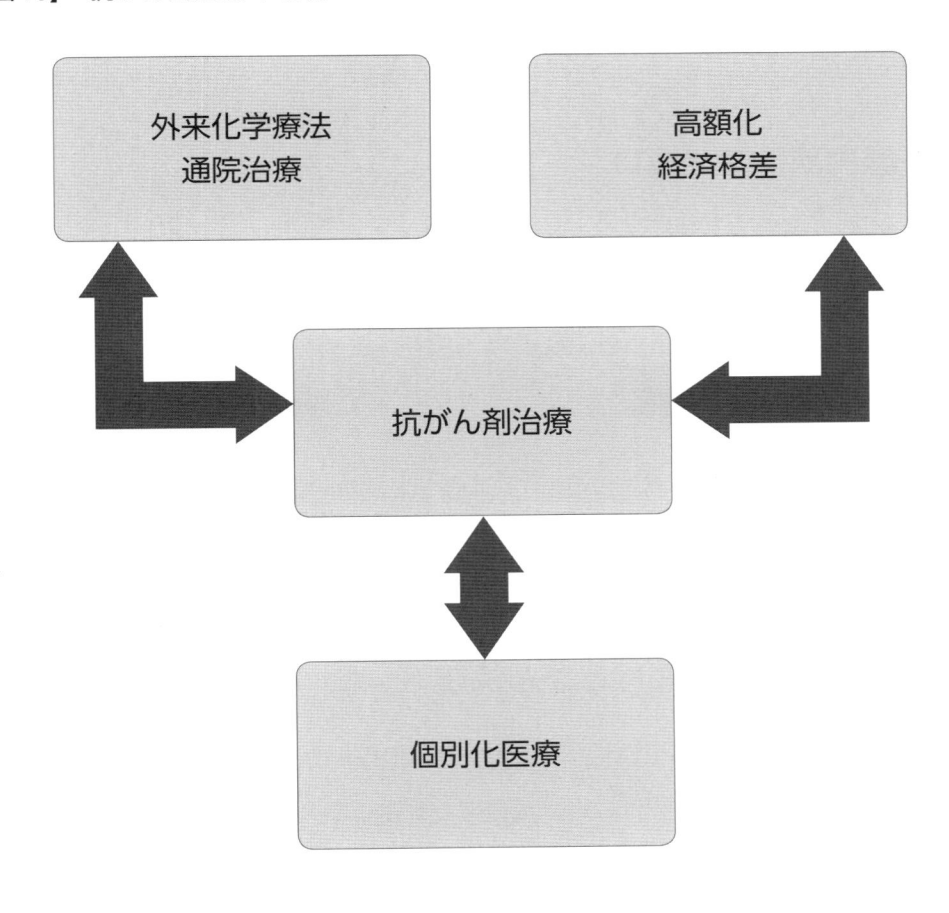

◆ 分子標的薬

　分子標的薬の出現で「がん治療」が大きく変化しています。分子標的薬について少し解説しておきましょう。

1. 分子標的薬とは

　「細胞傷害性抗がん剤（従来の抗がん剤）」と異なり、癌細胞に特異的な分子レベルでの異常を標的としてがんを治療することを分子標的治療といい、分子標的薬とはこれに使用する薬剤です。がんの増殖・浸潤・転移などのがんの特性を規定する分子などを標的とし【図19】、さらに血管の新生を阻害する薬剤も創薬されています。従来の抗がん剤との比較を【表47】にまとめています。

2. 分子標的薬はなぜ高い

　近年発売されている新薬は非常に高額です。様々なレジメン*があるので単純比較できませんが、従来の抗がん剤と比較すると、注射剤1瓶や内服薬1錠の価格が従来の8倍から9倍にもなっています。分子標的薬は、患者が各々に持っている特性に分子レベルで合わせなければならない治療薬なので、全ての患者に投与できるわけではなく、薬剤の価格は必然的に高騰します。

* レジメンとは、国立がんセンター中央病院薬剤部によると「抗がん剤、点滴、支持療法薬（制吐剤など）の投与に関する時系列的な治療計画」をいう。

3. 経済的副作用（毒性）とがん保険

　化学療法は、時に治療期間が長くなります。身体的な副作用以外に高額な費用負担という経済的副作用があり、臨床医の治療選択にも影響します。経済的副作用への対処として民間保険が有用です【表48】。

【図19】 分子標的薬の標的ポイント

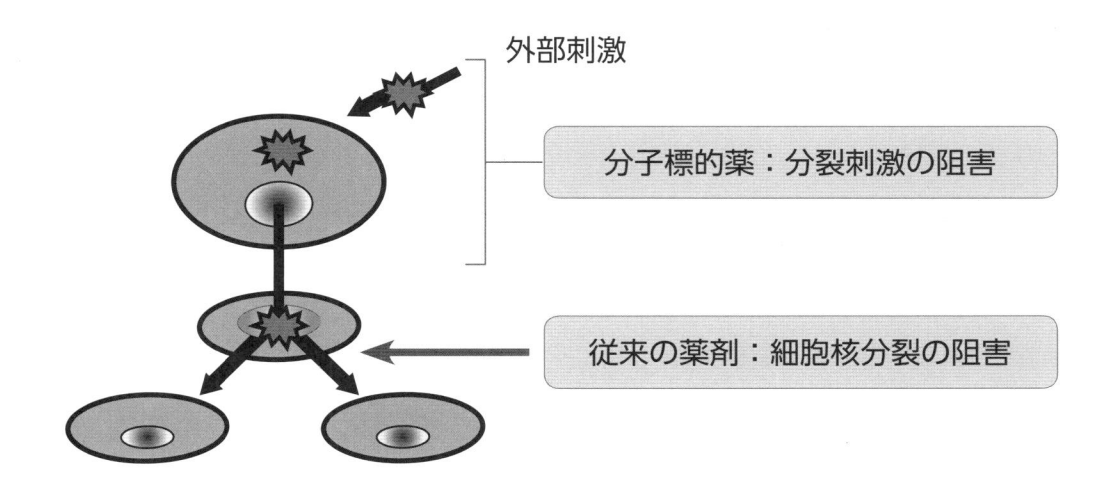

外部刺激

分子標的薬：分裂刺激の阻害

従来の薬剤：細胞核分裂の阻害

【表47】

分子標的薬	従来の抗がん剤
癌に特徴的な分子が標的	細胞核分裂のDNA・RNAに作用
特殊な副作用	定型的な副作用
個別的投与（主に遺伝子やバイオマーカー別）	部位別に組織型別に投与
高額	

【表48】 抗がん剤の経済的毒性（Financial Toxity）

副作用の内容	副作用の対処法
身体的副作用	支持療法
経済的副作用（Financial Toxity）	がん保険

◆◆ 新しい「がん免疫療法」

　最近注目されているのが、「がん免疫療法」です【図20】。しかし、その多くは、市中の開業医が行っている自由診療の「細胞免疫療法」で、やや専門的になりますが、「非特異的免疫療法」という治療法に属する「活性化リンパ球注入療法」と呼ばれた治療法が主でした。免疫療法の効果は、通常の抗がん剤と同様の評価をすることは困難で、悪性新生物の進行抑制が主な治療目標になってきました。

　外科的治療、内科的治療、その他すべての治療法で効果がなくなり、主治医が"匙を投げた"ような場合に、最後の療法として「がん免疫療法」を採用している開業医で自由診療を受ける方もいます。この分野で最も歴史のあるクリニックでは、3ヵ月間に6回の施術で、130万円程度の費用がかかるとしています。

　最近、「免疫療法」の世界に医学的なブレイクスルーがあり、通常の抗がん剤に類似した効果まで確認されるようになりました。最近期待されている免疫療法は

　　●殺腫瘍細胞効果のある免疫細胞の攻撃性を強化する細胞療法

　　●がん免疫にブレーキをかける機序を解除する治療

　　●ペプチドワクチン療法

などです【表49】。

　最近、「ニボルマブ」という世界初の薬剤が日本で創薬後保険承認され、臨床で使用されるようになりました。単独治療や他の免疫治療との組み合わせ、または化学療法との組み合わせにより治療効果が確認されています。まさに、免疫療法の世界の大躍進で、がんの治療医も注目しています。ようやく、真の意味の「第四の治療法」が、世に現れたと言えるでしょう。

【図20】　がんの免疫療法

①アクセル	②ブレーキの解除
がんを攻撃する 免疫力を増強する治療	免疫を抑制する 機序を解除する治療

【表49】　最近のがん免疫療法

①免疫力強化
　・がんワクチン療法
　　　がん細胞である標識を認識する免疫細胞を増加させる治療方法
　・Tリンパ球養子免疫療法
　　　がんを攻撃する免疫細胞を遺伝子改変技術で増加させる
②免疫抑制機序の解除
　・免疫チェックポイント阻害剤
　　　現在、最もホットな免疫療法

しかし、臨床医も製薬メーカーも薬価の高騰を懸念しています。ニボルマブや同類のイピリムマブも非常に高価な薬剤で、今後開発されるであろう新薬も高価になることが予想されています【表50】。

　今後、免疫療法の全体の進歩の中で細胞免疫療法を含め、民間保険会社が治療費用を保障する商品の開発を検討する時期が来ると考えていますが、免疫療法の枠組みで保障するのか、抗がん剤治療の一部に含めて保障するのか整理しなければなりません【図21】。

　ちなみに丸山ワクチンは有償治験薬であり、患者は治験にもかかわらず費用負担しなくてはなりません【表51】。抗がん剤治療給付金を用意している会社の給付範囲は、多くの会社は薬事承認、または保険適用を受けた薬剤と定義していますので、丸山ワクチンは給付金の対象にはなりません（実際の個別会社の運用を調べたわけではありません）。現在、抗がん剤保障に細胞免疫療法を含むことを明示しているのは、今回調査対象の商品では『ひまわり生命』のがん保険のみでした。【表52】に約款の定義を示しておきます。

【表50】　薬価

オブジーボ(一般名ニホルマブ)		
20mg 1 瓶	薬価150,200円	根治切除不能な悪性黒色腫の用量1回3mg/kg(体重)を2週間隔で点滴
100mg 1 瓶	薬価729,849円	
ヤーボイ(一般名イピリムマブ)		
50mg 1 瓶	薬価485,342円	根治切除不能な悪性黒色腫の用量1回3mg/kg(体重)を3週間隔で4回

出典:薬価基準および各薬剤の添付文書

【図21】　抗がん剤と免疫療法の区分は?

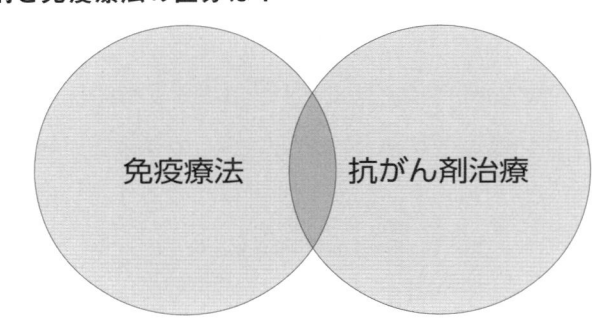

【表51】　薬剤承認と薬剤費の患者負担について

未承認薬	自由診療の未承認薬使用	患者負担
	一般的な治験薬	製薬会社負担(例外:丸山ワクチン)
	拡大治験薬・先進医療B	患者または製薬会社負担(※1)
	患者申出療養での使用	患者または製薬会社負担
承認薬	薬事承認後保険適用前	患者負担
	保険適用後	法定負担

※注1:[重要]「先進医療に係る費用」は、患者の自己負担と必ずしも同額ではない!

【表52】　がん外来治療給付金　別表7 の備考3

「化学療法」とは、がんを適応症として定めている薬剤を投与することにより、がんを破壊またはがんの発育・増殖を抑制することを目的とした治療法(細胞免疫療法、ワクチン療法を含みます。)をいいます。

出典:ひまわり生命　勇気のお守り　がん保険(2010)　平成27年4月約款

がん治療のパラダイムシフト

　最近のがん治療関連の学会は、ほんの数年前に比べ大きく様変わりしています。あたかも、がん治療の主役が交代したかのように薬剤治療の発表会場に聴衆があふれかえるようになっています。また、以前は参加者が少なかった免疫療法の研究発表の場にも多くの医療関係者が集まり、会場に入れないような状況になっています。

　このような状況の背景には、遺伝子検査技術の進展により個別化医療を牽引（けんいん）する抗がん剤の普及と、免疫療法の登場があるようです。現時点でも外科的治療や放射線治療といった局在的な腫瘍の治療に関する重要性に変わりはないですが、今後は「早期がん」にも抗がん剤治療を選択するなど治療に対する考えが根底から変化しそうです。

　部位別に、悪性新生物の診療ガイドラインが公表され、診療医の治療上のバイブルとして利用されていますが、基本的にがんの部位、がんの進行度（ステージ別）に合わせて治療方法が組み立てられています。しかし、現在このような治療の骨格が変化しそうな気配すら感じる状況です。既に、乳癌治療の重鎮がステージ別治療の時代は終わったと発言するまでになっています。早期のがんに対しても集学的な治療が必要で、匙を投げていた進行がんに対しても治療が行えるようになってきたということで、まさにがん治療におけるパラダイムシフトが進捗しつつあることの証拠だと言えるでしょう【図22】。

【図22】 治療のパラダイムシフト

部位 進行度

遺伝子検査・バイオマーカーによる個別化医療

先生、
大きさ1cmで
腋窩_{えきか}のリンパ節にも
転移がなければ
治療も終了ですよね。

乳癌を調べたら
転移しやすい
がんでした。
念のため抗がん剤での
治療が必要ですね。

 **緩和ケア・支持療法**

　がん対策基本法（基本法）が施行されたのは、2007（平成19）年4月1日になります。基本法の第9条第1項に「がん対策推進基本計画」（基本計画）の策定が定められ、5年ごとに見直しすることも規定されています。

　これまで、平成19年そして2012（平成24）年に基本計画が策定されたわけですが、平成19年6月に公表された計画では、重点的に取り組むべき課題の2番目に「治療の初期段階からの緩和ケアの実施」が明記されています。「がん患者の状況に応じ、身体的な苦痛だけでなく、精神心理的な苦痛に対するこころのケア等を含めた全人的な緩和ケアの提供体制の整備」や「がん患者の在宅での療養生活の維持向上を図るため、在宅医療と介護を適切に提供していく体制を整備」と明記されています【表53】。

　これまで、「緩和ケア」という用語は、「ターミナルケア」を意味する用語として捉えられる印象があるので現在では、支持療法という用語も使用されるようになっています。「緩和ケア」「支持療法」は患者の生活の質を改善する療法・ケアを意味し、身体的なケアのみならず精神的、スピリチュアルな面も含む広範な概念です【表54】。一方、実際の支持療法という表現は、抗がん剤治療後の副作用を抑える治療やがんの疼痛治療を意味する用語として用いられることが多いのが事実です【表55】。

　基本計画にあるようにターミナル段階のみならず、療養の初期から実施されることを考えれば、「緩和ケア」の用語を、「ターミナルケア」を意味する給付金の商品名に用いることは慎重に考える必要がありそうです。また、支持療法についても、疼痛治療や薬剤の副作用に対する治療に限定して民間保険の商品名に使用することは検討が必要でしょう。

　細かいことですが、用語の使用を考えながら基本計画に合致する民間保険のサービス提供を考えなくてはなりませんね。

【表53】　がん対策と緩和ケア

平成19年4月　がん対策基本法	
平成19年6月　がん対策推進基本計画 　　　　　　　重点的取り組み課題：治療の初期段階からの緩和ケアの実施	

【表54】　緩和ケア・支持療法

患者の状況に応じ、身体的な苦痛だけでなく、精神心理的な苦痛に対するこころのケア等を含めた全人的なケア

【表55】　一般的な支持療法

がん性疼痛の緩和治療 抗がん剤の副作用に対する治療（制吐剤、白血球減少予防）

在宅療養の事例と費用

　がん患者が、軽快せずに退院して「在宅医療」を受ける場合や「ターミナルケア」を自宅で受ける場合がありますが、具体的イメージがつかめないかもしれませんので、事例を提示します。事例に基づいた医療費と自己負担額になります【表56】。

【在宅症例】64歳男性、末期の肝臓がんのため在宅療養中
- ●急に症状が悪化したことにより、一時的に緩和ケア病棟に入院後退院
- ●十分な緊急往診及び看取りの実績を有する在宅療養支援病院から、週2日定期的な訪問診療を受けている
- ●訪問看護ステーションからの訪問看護を週4日受けている
- ●自己負担3割の患者

【在宅医療と入院医療の円滑な連携のための各種加算】
- ●緩和ケア病棟緊急入院初期加算
  　緩和ケア病棟における在宅医療からの緊急入院を評価することで、症状増悪時に緩和ケア病棟における充実した緩和ケアを受けることができるようになる。
- ●退院後訪問指導料・訪問看護同行加算
  　退院直後の病院からの訪問指導を評価することで、入院医療から在宅医療へ円滑に移行できるようになる。
- ●介護支援連携指導料
  　入院中の介護支援専門科医との連携を評価することで、退院後の介護サービス等の利用が円滑になる。
- ●在宅時医学総合管理料・施設入居時等医学総合管理料
  　重症患者を評価することで、より充実した在宅医療を受けることができる。
- ●在宅緩和ケア充実診療所・病院加算
  　緩和ケアに関する十分な実績をもつ医療機関を評価することで、実績のある医療機関から安心して在宅緩和ケアを受けることができるようになる。

【表56】 平成28年4月以降　在宅症例64歳　緩和ケア病棟入院と在宅療養の費用

＜在宅療養支援病院＞	
緩和ケア病棟入院料（30日以内の期間）	4,926×7日
緊急入院初期加算	200点×7日
介護支援連携指導料	400点
在宅患者訪問診療料	833点×6回／月
在宅時医学総合管理科	5,000点×1回／月
在宅緩和ケア充実診療所・病院加算	400点
在宅悪性腫瘍患者等指導管理料	1,500点×1回／月
訪問看護指示料	300点
退院後訪問指導料	580点×3回
訪問看護同行加算	20点
	小計50,240点
＜訪問看護ステーション＞	
訪問看護基本療養費1	
（週3日目までの額）	5,550円×9回／月
（週4日目以降の額）	6,550円×3回／月
機能強化型訪問看護管理療養費1	
	12,400円(初日)+2,980円×11回
24時間対応態勢加算	5,400円
特別管理加算	5,000円
	小計　125,180円
	(1ヶ月当たり)合計　627,580円
	自己負担額　83,706円
(104,568円か高額療養費制度により支給)	
	※その他、投薬及び材料等

出典：事例および表については週刊社会保障No2863　平成28年2月22日52頁より転載

「在宅療養」の費用負担をイメージできたでしょうか。複雑な各種加算が算定されています。平成28年度診療報酬の改定で新設された加算や合わせて改正された訪問看護療養費（保発0304第12号）も含まれています。基本的には、急性期治療の大病院と異なり、地域包括ケアシステムの中で、在宅療養支援病院への入院と自宅での在宅療養を繰り返しながら地域の中でがんのターミナルケアが進んでくことになります【図23】。

　さて、年齢が65歳以上であれば表に列記された医療用サービス以外に介護保険一号被保険者として、介護サービスも利用できます。

　また、がんや治療後の後遺症で身体障害になれば、各種福祉サービスを受けられる可能性もあります。

介護保険は

40歳以上64歳未満	末期以外のがん	介護保険適用外
	末期のがんで要介護認定の場合	介護保険適用
65歳以上	がんと関係なくても要介護認定の場合	介護保険適用

　となっています。すべてのがん患者が介護サービスを受けられるわけではありません。

【図23】　在宅療養の構図

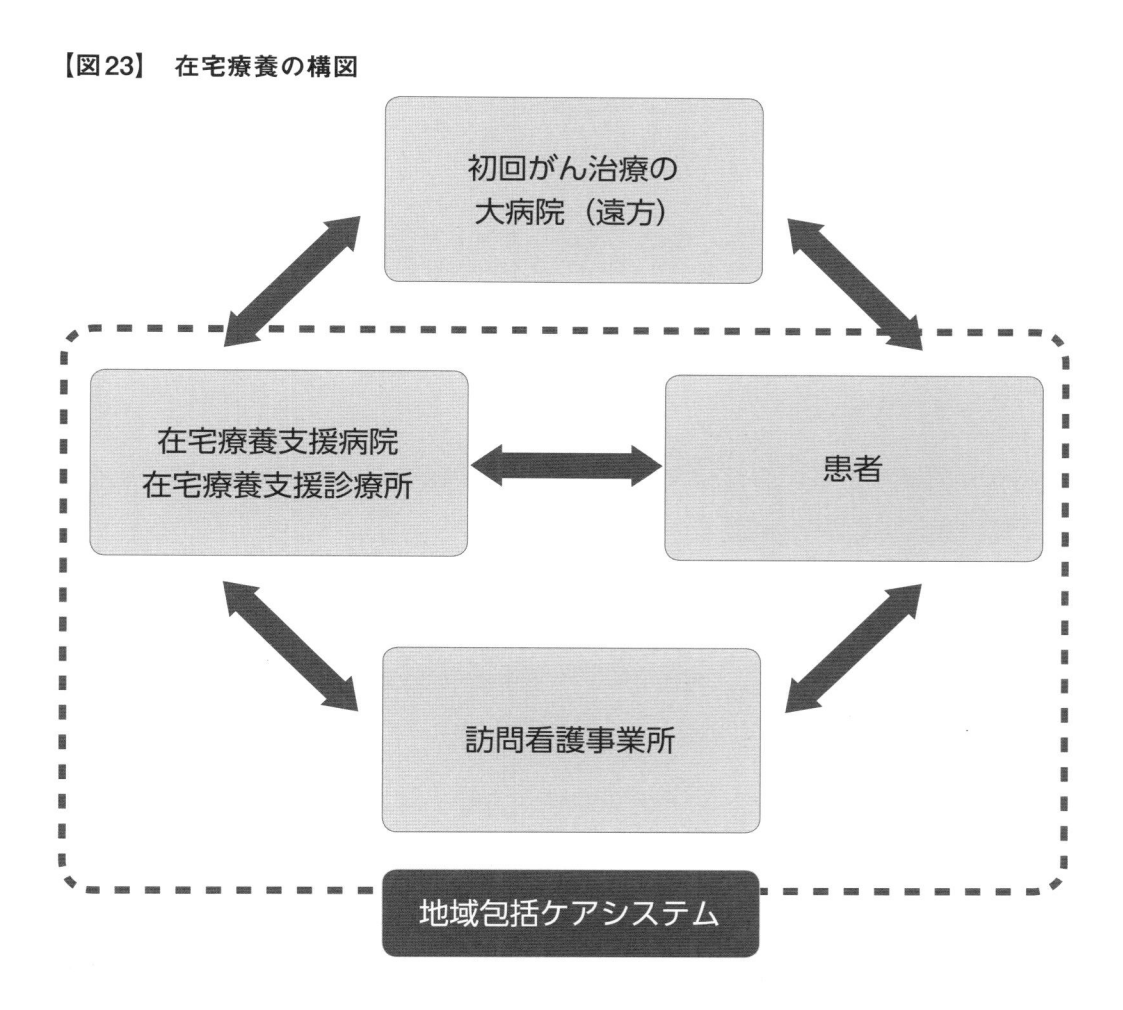

初回がん治療の
大病院（遠方）

在宅療養支援病院
在宅療養支援診療所

患者

訪問看護事業所

地域包括ケアシステム

補完代替・サプリメント・標準外医療

1. 補完代替医療

　「がん」を罹患後、多くの患者やサバイバーは民間療法を含めた補完代替医療を受けます。その多くは経口摂取のサプリメントですが、その実態はよくわかっていません。『国立病院機構四国がんセンター』の研究はありますが、古い研究のため、最近のデータがありません。

　補完代替医療の定義は【表57】のとおりです。この分野の専門学会として日本補完代替医療学会が設立され活動しています。

　特に、サプリメントなどの体内に摂取するものについては、安全性や受療しているがん治療への弊害も懸念されています。筆者が、一番信頼して参照しているのは国立健康・栄養研究所が公表している「健康食品」の安全性・有効性情報というサイトです【表58】。しかし、日本は諸外国と比較してこの分野に関する国の取り組みが遅れているとされています。

2. 標準外医療

　がん患者は、様々な不安を抱えています。そして、藁にも縋る思いで様々な療法に手を出します。このような患者の不安に付け込み標準外の怪治療とも言うべき医療が横行していますが、自由診療のために実態の把握や、医師法、薬事法などを除くと医療の監視が行き届かないために健康被害も防止できない状況です【表59】。このような実態があるため混合診療の全面解禁などが進めば、さらに健康被害が拡大すると懸念されています。

【表57】 補完代替医療の定義

現代西洋医学領域において、科学的未検証および臨床未応用の医学・医療体系の総称

【表58】 補完代替医療に関する参照サイト

日本補完代替医療学会（http://www.jcam-net.jp/）
国立健康・栄養研究所（http://www0.nih.go.jp/eiken/） 　　「健康食品」の安全性・有効性情報（https://hfnet.nih.go.jp/）

【表59】 標準外施術の報道事例

免疫療法と称される様々な医療 医学部元教授開設の免疫療法クリニックは、標準外治療で日本癌治療学会が効果を確認したかのようなホームページを掲載し患者を集め問題になりました。
ホメオパシーの騒動 日本学術会議は、飴玉を病気治療と称する「ホメオパシー」施療に対し、科学の無視であると非難する見解を表明しています。
アガリスク推奨本の顛末 かつてアガリスクという健康食品を多くのがん患者がサプリメントとして服用していましたが、がんに効くと解説する書籍の出版社と著者である東海大学の名誉教授が、薬事法違反で捜査を受け、アガリスク人気は終息しました。

未承認薬と自由診療

　自由診療が実施されている主要分野は、【表60】のとおりですが、公的医療保険が充実している日本では、決して自由診療の規模は大きくないと考えられます。

　先制医療元年と呼ばれた2015年には、個別的予防医療に力を入れることを医療界と政府も宣言しています。しかし、予防医療は基本的に公的保険が利用できないので、自費診療の領域になります。今後、自由診療が拡大する予測があります【表61】。

　一方で、短期的には未承認薬に関連した自由診療の領域は縮小することが予想されます。未承認の抗がん剤使用は各種の保険外併用療養費の対象医療（評価療養、患者申出療養、拡大治療制度など）が拡充されたからです。また、乳癌手術後のインプラント式乳房再建術が保険適用されたため、自由診療の乳房再建は減少することになりました【表61】。

　自由診療の医療がどの程度増減するのか予測はできませんが、今後拡大する自由診療としては、がん治療に関連した生殖細胞の保存や先制医療の代表としてアンジェリーナ・ジョリーが受けたがん遺伝子検査による予防的乳房切除などが考えられます【表61】。

　さて、民間保険会社が自由診療を保障することは、「保険診療を否定する行為である」、「公的な保険制度を縮小させ民営化してビジネスを拡大しようとしている」あるいは「米国のような医療制度にしようとしている」などの批判もあります【表62】。したがって自由診療を保障する商品を投入することには慎重でなければなりません。公的医療保険の堅持は、国民の総意と考えてよいからです。

　さて、全く制限のない完全な自由診療と異なり、先進医療や患者申出医療など公的に管理された混合診療とこれに伴う患者の負担は確実に拡大すると考えられます。したがって、これらの混合診療と民間保険の関係を整理しておく必要があります。その点に関して民間保険のサービスに関する懸念点は以下の通りです。

- ● 患者の医療におけるコスト意識醸成の阻害
- ● 医療費の高止まり
- ● 医療機器・製薬メーカーにおける保険適用マインドの阻害
- ● 過剰・重複給付

　治療に300万円もかかる粒子線治療が先進医療とされていたため各保険会社がこの点を強調し高額自由診療を保障できる商品として先進医療特約の効用を喧伝してきました。このため各社とも粒子線治療の公的保険適用の動向に注目してきたのです。保険適用になれば附加ポイントが失われること、保険に加入すれば粒子線治療を負担無く受けられると説明を受けていたユーザーが逆に3割（約90万円）の負担を強いられることになるという民間保障のサービス提供の限界と矛盾が露見することに気をもんでいたのです。しかし、これでは民間保険業界が医療費の高止まりを希望しているかの批判を受けてしまいます。

【表60】：現在の3大自由診療

美容整形（乳房再建を含む） 未承認薬 がん細胞免疫療法

【表61】：がん関連の自由診療の動向

縮小要因 ・未承認薬が使用できる環境が充実してきた ・インプラント式乳房再建術が保険適用になった 拡大要因 ・先制医療として遺伝子検査によるがん予防医療（A・ジョリーの乳腺切除） ・がん治療に伴う生殖細胞保存

【表62】：民間保険会社が自由診療補填商品販売することへの批判

保険診療を否定する行為である 公的な保険制度を縮小させ民営化してビジネスを拡大しようとしている 米国のような医療制度にしようとしている

第4章

商品

I. 商品の総論

保険業法改正　情報提供義務

　保険会社を巡る経営環境の大きな変化を受けて、新たな募集規制を具体化するために保険業法が2016（平成28）年5月29日に改正施行されました。改正に至る背景として、保険商品の複雑化、販売形態の多様化、乗合代理店の出現などがあげられています。新しい保険業法では、保険募集の基本的ルールの創設、保険募集人に対する規制の整備など保険の信頼性確保の対応が含まれています。

　これに合わせて保険募集にも新しい法律、および金融庁の監督指針に合わせた業務対応が求められます。

　ご存知のとおり、改正点の重要なポイントは、意向把握義務（保険業法第294条の2）と情報提供義務（保険業法第294条）ですが、お客様の意向確認には、適切な情報提供が必須です。改正業法の条文は、【表63】に示したとおりで、法第294条に情報提供義務が追加明記されました。

　提供すべき情報の具体的内容の解説は、生命保険協会のQ&AのQ3の回答として公開されています。その部分を【表64】に転載しました。がん保険では、回答の

①保険金の支払い条件、保険期間、保険金額等

②告知義務の内容、責任開始期、契約の失効、セーフティネット等

の情報提供が重要です。

　次項以降で商品の解説をいたしますが、ポイントは各社の約款に基づいて、保険金の支払いに関係する基準と約款の医学的解釈について述べる予定です。これまで、商品の情報提供として焦点が当たらなかった部分です。

【表63】 改正業法における情報の提供義務の追加

第二百九十四条の見出しを「(情報の提供)」に改め、同条を同条第三項とし、同条に第一項及び第二項として次の二項を加える。保険会社等若しくは外国保険会社等、これらの役員(保険募集人である者を除く。)、保険募集人又は保険仲立人若しくはその役員若しくは使用人は、保険契約の締結、保険募集又は自らが締結した若しくは保険募集を行った団体保険(～中途略～)に係る保険契約に加入することを勧誘する行為その他の当該保険契約に加入させるための行為(～中途略～)に関し、保険契約者等の保護に資するため、内閣府令で定めるところにより、保険契約の内容その他保険契約者等に参考となるべき情報の提供を行わなければならない。ただし、保険契約者等の保護に欠けるおそれがないものとして内閣府令で定める場合は、この限りでない。

【表64】 生命保険協会のQ&A

＜②情報提供義務に関する質問＞

Q３．保険募集の際の情報提供義務とはどのような規定なのか。

Ａ．情報提供義務は、保険募集人等が、保険募集を行う際に、保険契約者・被保険者が保険契約の締結又は加入の適否を判断するのに必要な情報の提供を行うことを求めるものです。具体的には、以下の事項を提供することが求められます。

① 顧客が保険商品の内容を理解するために必要な情報(保険金の支払い条件、保険期間、保険金額等)

② 顧客に対して注意喚起すべき情報(告知義務の内容、責任開始期、契約の失効、セーフティネット等)

③ その他保険契約者等に参考となるべき情報(ロードサービス等の主要な付帯サービス、直接支払いサービス等)

Q４．情報提供義務が導入されることで、これまでと何か変わる点はあるのか。

Ａ．これまで監督指針において「契約概要」・「注意喚起情報」等として提供することを求めていたものを中心に法令上の義務として規定されます。また、法第 300 条第 1 項第 1 号の不告知等に対して罰則 が適用される事項の範囲は、「保険契約者又は被保険者の判断に影響を及ぼすこととなる重要な事項」として従来、限定したものとなっています。

商品の比較、推奨

　金融庁の監督指針は、複数社の保険商品を取り扱う際の情報提供に関しては、商品の比較推奨販売を行う場合は、取扱商品のうち比較可能な商品の一覧と特定の商品の提示・推奨を行う理由に関する情報の提供を義務付けています【表65】。要するに乗合代理店で、異なる会社の商品を比較して販売する場合には、推奨する根拠の説明提示が必要になるということです。このように文章で書くことは容易ですが、具体的に商品の比較基準を設定することは難題でしょう。

　いずれにしても、顧客の意向に沿って「商品特性や保険料水準などの客観的な基準や理由等について説明を行っているのか」ということが、監督対象になります。理由説明について、どれほどの精度管理が必要になるのか、今後実務指導の中で明確になると思いますが、少なくとも改正業法で情報提供すべき前項「業法改正　情報提供義務」（103ページ）【表64】のＱ３に対する答え①と②の情報における比較を検討することになります。入院の日額、一時金の額、保障期間、給付回数など客観的な情報は理解されやすいですが、約款を専門的に熟読し、曖昧な記載部分について医学的解釈に踏み込んで比較することはかなり大変な作業になりそうです。

　類似商品であっても会社が異なれば細部は異なり、単純に保険料の多寡を比較することは困難です。保険料の内訳も今のところ開示していない会社がほとんどであり、また保険料を設定した計算方法も基礎データも開示されないのであれば、簡単な保険料比較しかできないのが現状と言わざるを得ません。監督指針には、手数料の高さで商品を推奨しないようにとありますが、顧客からすれば手数料開示されていない問題が解決していないので、まだ業法の改正は道半ばという状況に見えるでしょう。

【表65】　生命保険協会のQ&A

Q7. 二以上の所属保険会社等を有する保険募集人が比較推奨販売を行う場合にはどのような情報提供が求められるのか。

A. 監督指針Ⅱ-4-2-9（5）では、以下のように定められています。二以上の所属保険会社等を有する保険募集人（規則第227条の2第3項第4号及び規則第234条の21の2第1項第2号に規定する二以上の所属保険会社等を有する保険募集人をいう。以下、このQ&A7において同じ。）においては、以下の点に留意しつつ、規則第227条の2第3項第4号及び規則第234条の21の2第1項第2号に規定する保険契約への加入の提案を行う理由の説明その他二以上の所属保険会社等を有する保険募集人の業務の健全かつ適切な運営を確保するための措置が講じられているかどうかを確認するものとする。①二以上の所属保険会社等を有する保険募集人が取り扱う商品の中から、顧客の意向に沿った比較可能な商品（保険募集人の把握した顧客の意向に基づき、保険の種別や保障（補償）内容などの商品特性等により、商品の絞込みを行った場合には、当該絞込み後の商品）の概要を明示し、顧客の求めに応じて商品内容を説明しているか。②顧客に対し、特定の商品を提示・推奨する際には、当該提示・推奨理由を分かりやすく説明することとしているか。特に、自らの取扱商品のうち顧客の意向に合致している商品の中から、二以上の所属保険会社等を有する保険募集人の判断により、さらに絞込みを行った上で、商品を提示・推奨する場合には、商品特性や保険料水準などの客観的な基準や理由等について、説明を行っているか。（注1）形式的には商品の推奨理由を客観的に説明しているように装いながら、実質的には、例えば保険代理店の受け取る手数料水準の高い商品に誘導するために商品の絞込みや提示・推奨を行うことのないよう留意する。（注2）例えば、自らが勧める商品の優位性を示すために他の商品との比較を行う場合には、当該他の商品についても、その全体像や特性について正確に顧客に示すとともに自らが勧める商品の優位性の根拠を説明するなど、顧客が保険契約の契約内容について、正確な判断を行うに必要な事項を包括的に示す必要がある点に留意する（法第300条第1項第6号、Ⅱ-4-2-2（9）②参照）。③上記①、②にかかわらず、商品特性や保険料水準などの客観的な基準や理由等に基づくことなく、商品を絞込み又は特定の商品を顧客に提示・推奨する場合には、その基準や理由等（特定の保険会社との資本関係やその他の事務手続・経営方針上の理由を含む。）を説明しているか。9（注）各保険会社間における「公平・中立」を掲げる場合には、商品の絞込みや提示・推奨の基準や理由等として、特定の保険会社との資本関係や手数料の水準その他の事務手続・経営方針などの事情を考慮することのないよう留意する。④上記①から③に基づき、商品の提示・推奨や保険代理店の立場の表示等を適切に行うための措置について、社内規則等において定めたうえで、定期的かつ必要に応じて、その実施状況を確認・検証する態勢が構築されているか。

Q8. 商品特性等の客観的な基準等に基づくことなく、特定の商品のみを推奨する場合にはどのような情報提供が求められるのか。

A. 商品特性や保険料水準などの客観的な基準や理由等に基づくことなく、商品を絞込み又は特定の商品を顧客に提示・推奨する場合には、その基準や理由等（特定の保険会社との資本関係やその他の事務手続・経営方針上の理由を含む。）を説明することが求められます。例えば、特定の保険会社の系列代理店において、特定の保険会社の商品を提示する場合には、当該代理店が特定の保険会社の系列代理店である旨を説明することで足ります。

# 商品情報提供とWEB約款

　前項「商品の比較、推奨」（104ページ）で触れましたが、給付日額や給付回数を客観的基準で比較することは保険のプロの読者の皆さんには容易でしょう。しかし、商品は、募集資材に書いてある記載内容や保険会社から渡される商品説明概要では、完全な説明はできません。

　商品の説明には、約款の理解が大前提です。募集資材や加入のしおりだけでは詳細な理解はできません。保険商品の比較推奨をするには、比較対象商品の約款を熟読しなければなりません。

　もちろん、約款を保険申込み時に読了するユーザーは、ほとんどいないでしょう。重要事項説明書など、どんなに充実させても、結局完璧な資料を作ろうとすればそれはすなわち約款そのものなのです。

　顧客が、「約款を読むはずはない、附合契約だから当たり前だ」と言っても、専門家として商品の良否を判断してユーザーに説明するためには、約款が必要です。特に手渡された約款を後生大事に保管している契約者がどれだけいるでしょうか。契約上の疑義やトラブルが発生したときに、約款は必要です【表66】。

　商品の良悪は別として、約款がいつでも見られる形で提供されていることが、情報提供義務の第一歩でしょう。改正業法施行後にWEBで印刷できる形で約款を公開していない会社の姿勢は問題でしょう。今回本書を執筆するにあたって、がん保険販売会社でネットに約款を公開していない会社がありました【表67】。ぜひ改善してもらいたいものです。

【表66】　約款熟読の必要性

不利益情報は、約款に隠されている 約款は保険商品そのもの（給付の条件、給付の範囲） 商品の理解は、約款から 各種約款の規定 免責情報

【表67】　約款のWEB非公開会社（平成28年2月20日アクセス）

メットライフ生命のガードエックス マニュライフ生命のこだわりガン保険 チューリッヒ生命の終身ガン治療保険プレミアム

注：平成26年度インシュアランス統計号69頁新契約成績表でガン保険の件数が報告され、ネットでがん保障の単独商品が確認された会社

> ネットに約款を公開して、
> 商品の評価をしてもらいましょう。

◆◆ 給付と法律

　第三分野保険として商品化できる給付範囲は法律で決められています。【表68】を見ると保険では、現金給付しか認められていません。【表69】の保険業法の第三条では、人の傷病とその関連の給付が認められています。ここで重要なのは、第三分野の保険は、基本的に傷病を前提とした給付であることです。これ以外は、内閣府令で定めるとされています。保険業法施行規則の第4条と第5条で「出産」「老衰」「介護」「骨髄移植のドナー」など傷病に明確には含まれない部分が内閣府令で定められています【表70】。つまり、人の傷病と明確には判定できない状態や、傷病とは明確に異なる対象です。

　今後、傷病が原因として判明していない不妊治療も給付対象とするように法改正が議論されています（2016（平成28）年3月現在）。今のところ発病前の予防医療にも給付ができません。

【表68】　保険法

第二条
一　保険契約　保険契約、共済契約その他いかなる名称であるかを問わず、当事者の一方が一定の事由が生じたことを条件として財産上の給付（生命保険契約及び傷害疾病定額保険契約にあっては、金銭の支払に限る。以下「保険給付」という。）を行うことを約し、相手方がこれに対して当該一定の事由の発生の可能性に応じたものとして保険料（共済掛金を含む。以下同じ。）を支払うことを約する契約をいう。
四　被保険者　次のイからハまでに掲げる保険契約の区分に応じ、当該イからハまでに定める者をいう。
イ、ロ　略
ハ　傷害疾病定額保険契約　その者の傷害又は疾病（以下「傷害疾病」という。）に基づき保険者が保険給付を行うこととなる者

【表69】　保険業法　第三条第四項第一号、二号

一　人の生存又は死亡（当該人の余命が一定の期間以内であると医師により診断された身体の状態を含む。以下この項及び次項において同じ。）に関し、一定額の保険金を支払うことを約し、保険料を収受する保険（次号ハに掲げる死亡のみに係るものを除く。）
二　次に掲げる事由に関し、一定額の保険金を支払うこと又はこれらによって生ずることのある当該人の損害をてん補することを約し、保険料を収受する保険
イ　人が疾病にかかったこと。
ロ　傷害を受けたこと又は疾病にかかったことを原因とする人の状態
ハ　傷害を受けたことを直接の原因とする人の死亡
ニ　イ又はロに掲げるものに類するものとして内閣府令で定めるもの（人の死亡を除く。）
ホ　イ、ロ又はニに掲げるものに関し、治療（治療に類する行為として内閣府令で定めるものを含む。）を受けたこと。

【表70】　保険業法施行規則

第四条　内閣府令で定める事由 一　出産及びこれを原因とする人の状態 二　老衰を直接の原因とする常時の介護を要する身体の状態 三　骨髄の提供及びこれを原因とする人の状態 第五条　内閣府令で定める行為 一　保健師助産師看護師法（昭和二十三年法律第二百三号）第三条（定義）に規定する助産師が行う助産 二　柔道整復師法（昭和四十五年法律第十九号）第二条（定義）に規定する柔道整復師が行う施術 三　あん摩マッサージ指圧師、はり師、きゅう師等に関する法律（昭和二十二年法律第二百十七号）に基づくあん摩マッサージ指圧師、はり師又はきゅう師が行う施術(医師の指示に従って行うものに限る。)

※不妊症が第四条に追加される予定

◆ 商品の認可

　新しい保険を販売するときには、金融庁の認可を受けなければなりません。認可の審査は、商品の内容（約款）および保険料の算定が主なポイントにります。以前から販売している保険であっても、保険料や約款などの修正があれば認可を取り直す必要があるのです。

　保険は、契約者が長く関わる商品であり、また、ユーザーと保険会社が持っている情報量のギャップが非常に大きく、かつ専門的で複雑です。消費者に不利益な内容や商品に瑕疵があると大きな問題につながることもあるので、監督官庁の保険商品認可に関する審査は慎重かつ厳格です【表71】。

　新しい商品を金融庁が審査するという制度は、保険業の免許すなわち事業認可と関係しています。免許取得のためには、法律で定められた書類を提出し、その内容について審査を受け、認可を得ないと免許はもらえません。このような書類を基礎書類と呼びます。

　基礎書類は、定款を含めて四つです。商品の審査では、【表72】の基礎書類が対象になります。難しい言葉が並んでいますね。新しい商品を販売する際に書き換えが必要ならこれらの書類全て、新たに認可を受けなければなりません。面倒ですが仕方がないのです。

　実際の審査は、金融庁と保険会社の担当者が面談協議し、約款や保険料は書類で審査していることを理解していただければ十分です。

【表71】　商品審査の根拠　契約者保護と商品瑕疵のチェック

商品の長期性
保険会社と消費者の情報の非対称性
商品の専門性、複雑さ

【表72】　審査の対象となる基礎書類

事業方法書
普通保険約款
保険料および責任準備金の算出方法書

我々行政がチェックする理由は、
消費者保護が第一ですよ。

保険商品は専門的
長期間の契約
消費者の多くの方は約款を読みません

商品開発のコンセプト（軸）

　世の中には、多種多様な第三分野商品が販売されているように見えますが、きちんと整理すると商品の骨格（コンセプト〈軸〉）は限られています。この点を保険会社自体が理解できておらず、商品提供の理念に一貫性がない保険会社もあります。すなわち、保険販売の根幹である引受リスク構造の理解がポイントです。

① 病気に軸の焦点を当てる場合

　病気の原因、病気の治療、病気の後遺症を含むハンディキャップの保障⇒病気への総合保障（がん保険は、主にこの分野で開発されている）

② 医療に軸の焦点を当てる場合（①より包括的な軸です）

　予防（保健）、治療（医療）、障害の回復（福祉）⇒健康管理（広義の保健）への総合保障

③ 社会保障（保険）制度に軸の焦点を当てる場合

　年金・就業・介護・医療⇒安心した人生への総合保障

④ 個人のライフスタイルの軸に焦点を当てる場合

　結婚・育児教育・就業・老後⇒豊かなライフスタイル支援などです。さらに、保険購入対象を男女別、年齢階層別、家族世帯構成別、職種別などでセグメンテーション化して商品の軸が決定されます【図24】。

　第一分野商品との組み合わせで第三分野商品のコンセプトをどのように絞り込むのかで保険会社や保険商品の特色を打ち出すことになります。また、既存商品との連携や営業教育の面を考える上でも、商品開発の基本軸の位置づけは重要です。

【図24】　商品開発の軸

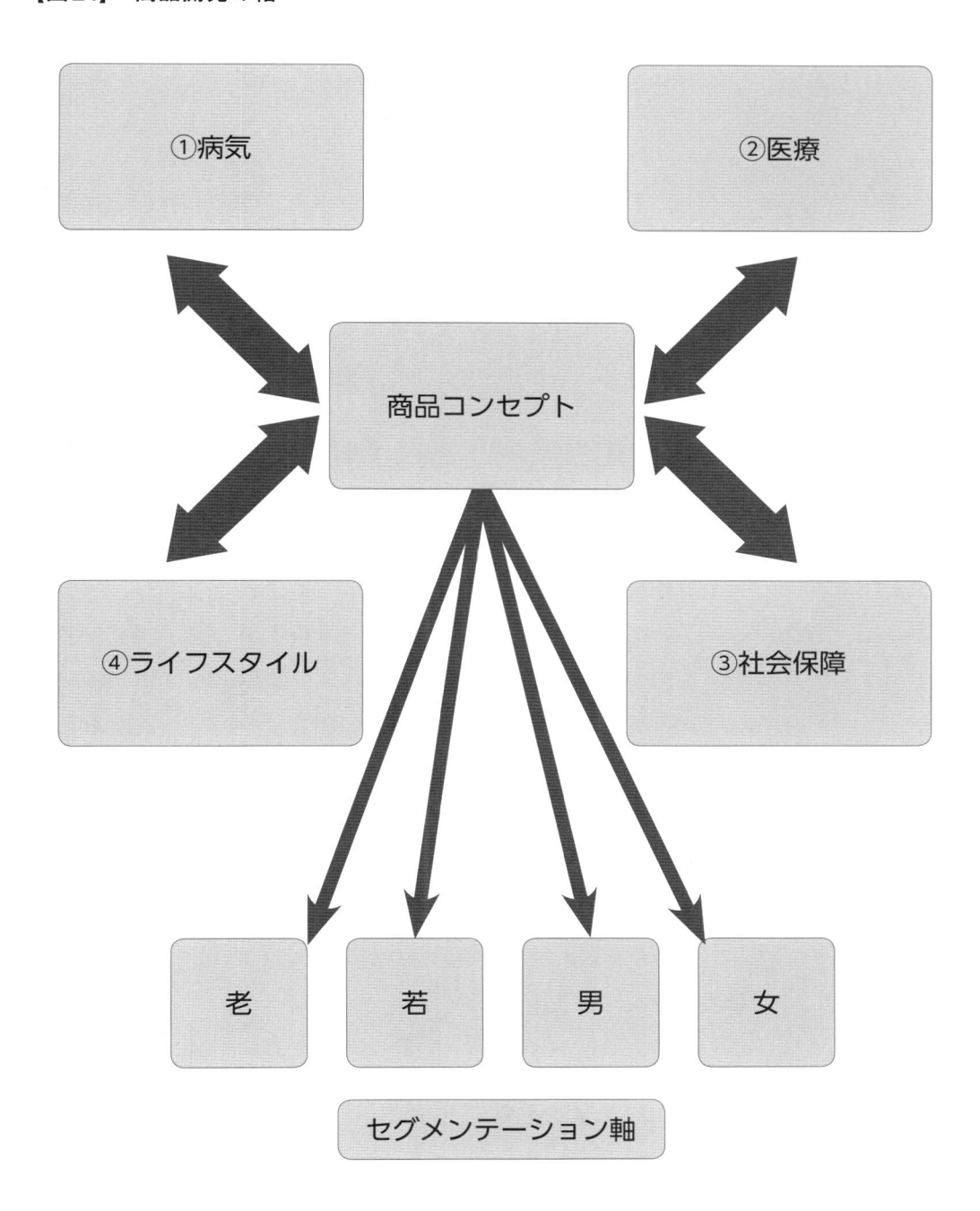

主契約

保険商品は、主契約と特約から構成されますが、主契約は、商品の骨格で、またその商品の顔であるとも言えるでしょう。

主契約と特約の構成を見ると、商品の販売コンセプトがみて取れます。

現在、がん保険の主契約は、以下のとおり大きく3タイプに分かれます。

タイプ①	がん診断一時金と入院給付金が共に主契約
タイプ②	がん診断一時金または入院給付金のどちらかが主契約
タイプ③	がん診断一時金も入院給付金のどちらも主契約になっていない

通常、多くの消費者にとって保障の必要性が高く、長期間にわたり変化せずに継続して保障が必要な部分を主契約にします。したがって、医療保険では入院保障が主契約であり特約になることは、いまのところありません。がん保険であれば、通常上記、タイプ①またはタイプ②が標準的な商品構成と言えます。

しかし、各社の商品を分析すると、多くのタイプ③の商品が提供されているのがわかります。なかでも、抗がん剤治療給付金や放射線治療給付金が主契約で、がん診断一時金や入院給付金が特約という構造の保険商品が多くみられます、このタイプの保険商品はがん保険が主力商品でなかった会社や、後発でがん保険市場に参入した会社で提供されていることが多いようです【図25】。医療保険やがん保険あるいは三大疾病保障保険に既に加入しているユーザーへの、上乗せ保険商品として、主契約と特約を逆転させたタイプ③の商品構成を採用しているようです【図26】。複数証券にまたがってトータルに保障を提供する場合は、様々な問題が存在しますので、ユーザーに保険を提案する際にはその点のリスク説明が重要になります。

【図25】　主契約と特約

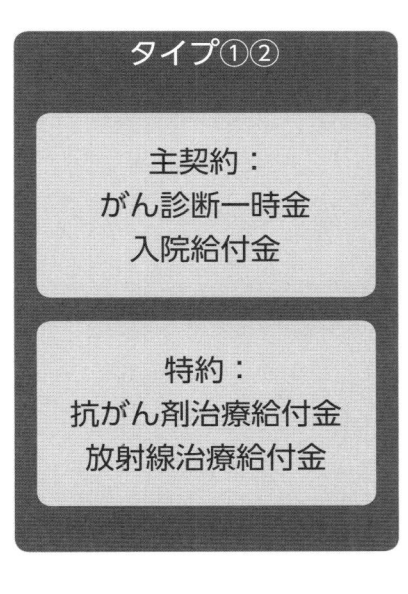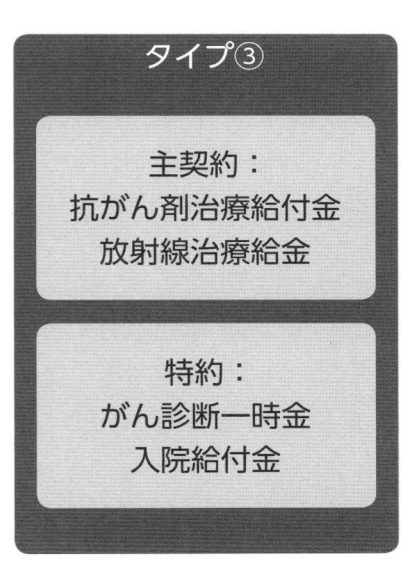

【図26】　タイプ③の商品戦略

タイプ③主契約：
抗がん剤治療給付金
放射線治療給付金

自社・他社の別証券
三大疾病保障保険
医療保険

自社・他社の別証券
がん診断一時金
入院給付金

商品の保障期間と男女別保険料

　何故、主契約と特約で保険期間が異なっているのですかという質問を受けることがあります。すなわち、終身保障と有期保障の理由です。主契約が終身保障で特約が有期性の保障になっている商品も販売されています。何故、保障を終身や有期で販売しなければならないのか、商品設計上の根拠と消費者にとってのメリット・デメリットを【表73】に示しています。結局、終身は保険料の見直しがない商品、有期商品は更新時に保険料の見直しがある商品ということです。年齢が上がれば発病率が高くなりますから、その部分を差し引いた部分について【表73】のような評価になります。特に、特約で提供される商品には有期性商品が見られますが、性年齢別保険料を採用していない特約であれば、単純に保険事故の将来発生が低下するか増加するかの見込みが重要な点になるでしょう。例えば、今後拡大する先進医療での支払い額が増加すると予測するならば将来の保険料高料変更を見越して終身を、入院する施設が減らされるならば、その部分の保険料の低額化を予想して入院保障関連の特約は有期を選択するなどの判断が必要になるということです。

　保険会社により、男女別保険料を採用している会社としていない会社があります。実は、現在欧州では、男女別保険料が性差別である理由で禁止される方向ですが、日本では特にその点は問題になっていません。会社にとっては、保険料を男女で区分することは、それだけで管理の手間になりますが、ことがん保険のみで考えると、がんの発生率が男性よりも低い女性に関しては、より廉価な保険料で加入ができるというメリットがあるということになります。その点の評価を【表74】にまとめています。

【表73】　保障期間の違いの比較

	保険会社の理由	消費者のメリット	消費者のデメリット
終身の保険	安定的に保険事故の発生率が低下する予測があれば終身保険は発生差益を生み出す収益上のメリット	保険料が変わらない	発生率が低下すれば、結果的に高い保険料を払うことになる
有期性商品	給付する保険事故の将来発生が予測困難 保険事故の発生率が将来増加する可能性 将来発生率が低くなることが見込めたとしても、目先の保険料を安くして契約を拡大できる	短期間の保険料は安価になる 保険事故の将来発生率が低くなれば、更新時の保険料が特になる	将来保険料が高くなる可能性がある

【表74】　男女別保険料

	保険会社	男性	女性
男女別	管理負担が大きい 女性を多く獲得できる	保険料が高い	保険料が低くなりお得感
男女同率	管理負担が軽い 男性市場に販売拡大できる	保険料が低くなり、お得感	保険料が高くなり、男性と同率に不満

# 特約方式と一時金方式

　一時金方式の「がん保険」が人気になったことがあり、そのおかげで、改めて一時金方式と特約方式の意義に焦点が当てられました。もともと、一時金支払いの三大疾病保障保険には、がんの保障が付加されています。これを参考にすると、一時金方式は重大な疾病の保障という点に重点がおかれた商品と言えるでしょう【表75】。一方、本来のがん保険のコンセプトである急性期の治療費用保障からすると、がんの療養に必要な治療に合わせた特約で保障を提供することになります。一見、一時金方式の方が提案は簡単に思えるかもしれませんが、一時金の必要額の説明を求められることになります。

　特約方式のがん保険は、医学の知識が浅い保険募集人でも、がん治療で必要になる費用が特約で組み立てられ、顧客への必要保障の説明がしやすく設計されています。一方、一時金タイプは、一定額の給付金を提示することになりますが、200万円～300万円程度までであれば、通常のがん保険の診断一時金と同程度の額であり、がんに罹患した場合に、当座の資金として平均1年間で100万円程度必要だという国の研究データをもとに説明すれば良いでしょう。私は、それを超える高額保障の一時金については説明が難しいと考えます。妥当額の説明は、実損保障に近い特約方式の方の説明が容易です。実際、私が保険営業のから聞いた話では、複数の特約の説明をしなくて済むという理由で一時金を推奨商品にしている募集人もいるようでした。特約方式と一時金方式の商品コンセプトを理解した上で、それぞれの商品特性について適切に顧客に対して説明していただきたいものです。

【表75】　がん保険一時金と特約タイプ比較

	一時金	特約
基本的コンセプト	重大疾病保障	治療費用保障
商品説明	三大疾病保障と類似した商品説明	各特約の説明をすれば、自動的に治療内容の説明
保障必要額	重大疾病としての必要保障額の提示	特約として標準的な必要保障額が設定されている 特約の組み立てになっており、実損保障により近似

 # 優良体保険の問題

　近年、ビッグデータの利用が盛んになってきました。保険会社も様々な契約を分析し、被保険者の健康管理に利用する方向性を持っているようです。保険会社は多くの契約を抱えていて、契約のフォローができる仕組みを持っているので、ビッグデータの利用環境は既に整備されているのかもしれません。しかし、残念ながら昔から指摘されているように、分析に利用できる健康情報の質が問題で、科学的データとしての信頼性が問題にされてきました。筆者も、その問題点を最大限工夫し、2000（平成12）年に日本で初めて100万人を超える規模の被保険者の健康診断受診の効果を分析しました。分析結果は四大新聞にも取り上げられ、保険会社は保険加入時に必要だった医師の診査を健康診断データの提出（健康診断結果通知書扱い）で代替する方向へと舵を切りました。

健康診断の受診の有無による死亡率の比較

	健康診断未受診者	健康診断受診者
男性	100	62.3
女性	100	67.9

健康診断の未受診者の死亡率を100とした場合

　さて、一部の会社にとっては耳の痛い話かもしれませんが、私個人は、ビッグデータを優良体保険の開発に利用したいという発想が生まれやすい事実に懸念を持っています【図27】。第一分野商品に関しては、リスク細分化は時代の流れだと思っていますが、がん保険を含め第三分野商品で優良体保険の導入について発想をする際には、保険業界の外に少し目を向けてもらいたいのです。

優良体保険への主な懸念
　・第三分野商品の役割（民間保険会社の役割）からの批判
　・いずれ遺伝子検査が利用されるのではなかという国民の危惧増大
　・告知書中心の簡便な加入システムへの影響
　・優良体に入れない方のための商品や特別条件が用意されるのか

【図27】 ビッグデータの利用

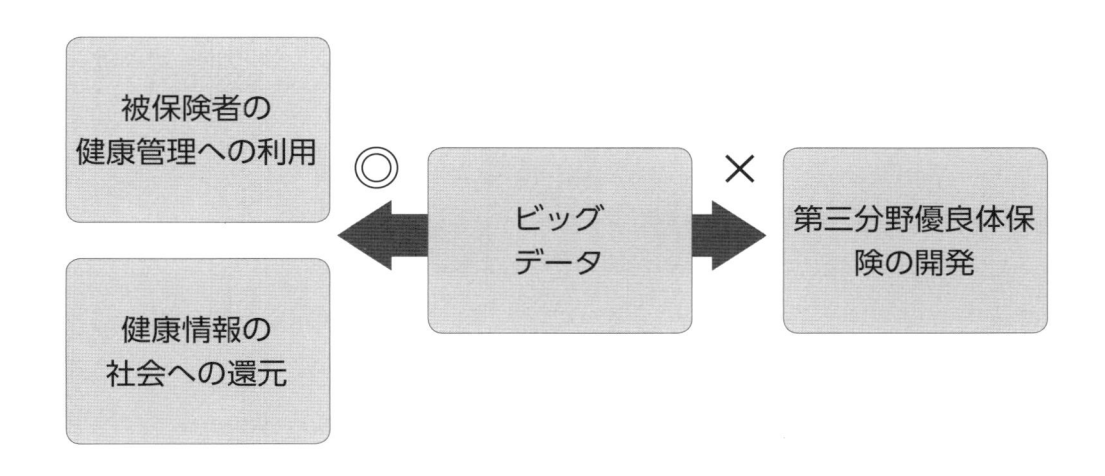

　すでに、一部の保険会社で第三分野商品の優良体保険が販売されています（最初に開発した会社は、優良体保険から撤退しています）。このような保険に加入できない方も、加入できる保険（当然、保険料を割増にする）を用意したというテレビCMを観ていません。これでは、保険会社はチェリーピッキング、すなわちいいとこ取りしかしないという批判を受けてしまいます。死亡保険は、伝統的に特別条件が普及し、健康に多少不安があっても、割増条件や削減条件を付帯して加入できるので問題が生じません。ところが、第三分野の保険商品は、多くが告知書扱いで特別条件などを付加する対応ができません。

　民間保険が今後果たすべき社会的役割を考えれば、健康上の割引保険導入には、「保険と遺伝子格差」の社会不安を招来させる問題があります。考えすぎという方がいるかもしれませんが、現に、約款に遺伝で危険選択することを明示している会社も存在しています。世界的な潮流からかけ離れた約款と言うべきで、保険業界への批判を増幅させる影響があるのです。

今後求められる保障

　次項以後、現在販売されている商品について見ていきますが、ここでは、まだ販売が限定されている、あるいは販売されていない商品について考えてみましょう。

① 条件体の方が加入できるがん保険【図28】

「がん対策推進基本計画」では、「がん検診」の受診率向上が施策に盛り込まれています。現在五つの部位の検診事業が推進されています。これにより、検診で異常の指摘を受け、がんが見つかる方や経過観察を受ける方がいます。通常、これらの方は、がん保険に加入できません。検診の推進が、がん保険に加入できない方を増やしている皮肉な結果を生んでいます。経過観察になってしまった方でも加入できるような、引受緩和型のがん保険が社会的に求められています。もちろん、がん検診の異常指摘以外にも、がんの発生率が高い疾病に罹っている方が、加入できるような保険も含まれます。

② 罹患者用のがん保険【図29】

　がん検診の推進は、早期のがんの発見にも寄与しています。多くの患者は、適切な治療を受ければ長期生存が可能になっていますので、がんのサバイバーとして社会に復帰するわけです。治療方法も向上し治療成績も良くなっているため、がんのサバイバーは増えていると思われます。このような方々こそ、がんの療養経験を通じてがん保険の効用をよく理解しているはずです。過去にがん保険に加入していたかもしれませんが、現代のがん治療に対応できていない商品だったかもしれません。サーバイバーの方が加入できるような、新しい医療にキャッチアップして給付が受けられる罹患者用のがん保険販売に期待も大きくなっています。

（一部の会社で既に販売されていますが、まだ普及していません）

【図28】　条件体保険のニーズ

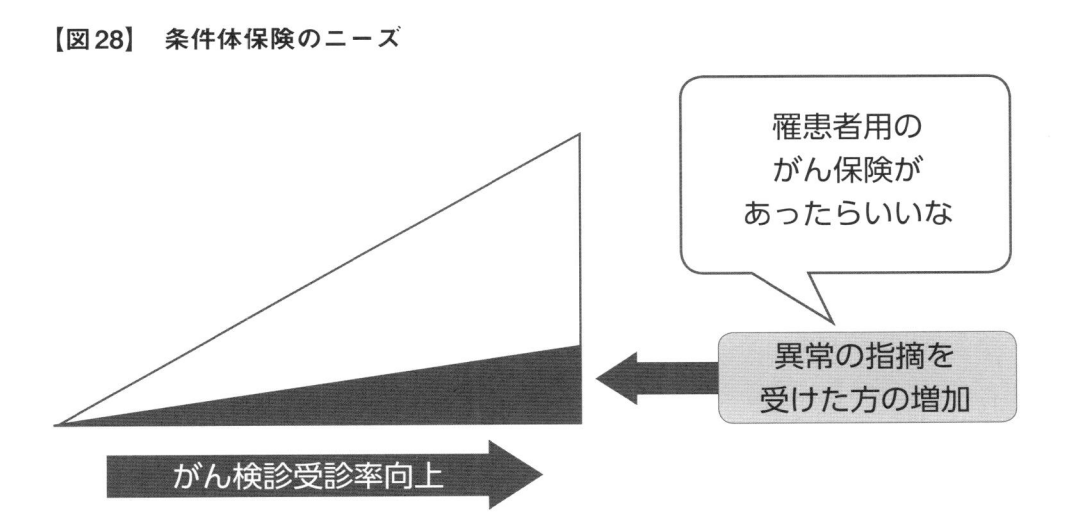

罹患者用の
がん保険が
あったらいいな

異常の指摘を
受けた方の増加

がん検診受診率向上

【図29】　罹患者用のがん保険ニーズ

条件体用の
がん保険が
あったらいいな

早期に発見された
サバイバー増加

がん検診受診率向上

③ 所得保障保険

　就業リスクは、当然「経済環境や勤務先」などの外部要因で大きく影響を受けますが、健康問題も大きく係わっています。患者本人のみならず夫婦共働き世代の配偶者の疾病による就業不能は、家計全体の稼得能力の低下という家庭問題なのです。

　健康問題での離職や失業に影響している原因は、不慮の事故、精神疾患および悪性新生物が知られています。死亡保険や医療保険やがん保険などに比較すると所得保障保険は優先順位が低い商品ですが、がんの療養が失業の主要原因になっていることを考えれば、がん保険に所得保障機能を付加することは、社会的に求められるはずです。所得保障は、単独の独立した保障として提供すべきという考え方も当然ありますが、加入商品の優先度が低い現状では、がん保障に付加することも考えられるでしょう。職域別の集団には、特に訴求できるのではないでしょうか。

　所得保障保険のみならず、直接的な治療費用を保障する商品の枠を出て、多様な商品開発の軸に合わせた消費者に受け入れられる商品が生み出されることを期待します。多少試行錯誤しながら生活者に求められる商品のスクラップアンドビルドが続いてもよいのではないでしょうか（すでに、所得保障を付加している商品も販売されています。また売り止めにした会社もあります）。

【表76】　サーバイバーシップと経済的負担

就業・収入問題	率
就労者の解雇・廃業・依願退職	24%
定期的収入を有する者の減収	67%
収入の減少率	36%

出典：2011年11月2日がん対策推進協議会資料より抜粋

私たち共働きだけど、
あなたか、私か
どちらかが、がんになって
失業したら大変だわ！

そうだね
所得保障か……
失業保険や障害年金も
あるけど？

Ⅱ. 比較推奨基準

 評価基準の考え方

この部分は、マンション建設で言えば、建築確認の考え方の部分です。

基準の視点

1. 必要な保障が、組み込まれているか

2. 医学的な妥当性、わかりやすいのか、複雑な基準ではないのか

3. 約款が明確で支払い時のトラブルが防止されているのか

4. 無駄な通算基準の優越性を誇張していないか

5. 重複給付・過剰給付の懸念はないか（商品単価を上げて手数料を高くする方法）

基本契約について

自由設計のタイプの商品や部分的ながん保障（医療保険のがん保障特約など）は、本書では省略します。

具体的評価ポイント

【表77】にまとめます。なお、主契約の基本3タイプ（主契約の項、114ページ参照）については、各会社の施策なので本項では評価する対象にしていません。また、通算等も本項では評価をせずに、各商品スペックの各論部分で触れることにします。

【表77】 評価のポイント

1) 保障性能：がん保険の基本骨核が揃っているのか、その充足度（主契約、特約を合わせて）
　　① 診断に関する給付の有無
　　　・初回一時金（別商品の三大疾病保障商品でも代替可）
　　　・複数回支払い
　　　・がん診断保険料払込免除（逓減性の診断一時金給付と同等）
　　　・重度状態保障
　　② 療養関連給付の有無
　　　・入院
　　　・通院
　　　・在宅
　　　・長期療養
　　③ 治療関連の有無
　　　・がんの3大治療（手術治療・放射線治療・抗がん剤治療）
　　④ 身体障害保険料払込免除の有無

2) 約款のポイント
　　① がんの定義・診断の医学的妥当性
　　　・がんの定義　ICD-10とICD-Oの使用が適切か
　　　・将来のWHO基準変更に対応する約款になっているのか
　　② がんの診断確定基準の医学的妥当性
　　　・病理組織所見を優先する約款になっているのか
　　　・用語の適切使用
　　　　　がん・ガン・悪性新生物の誤用
　　　　　がん性疼痛、初期がん（ガン）
　　③ がん診断一時金複数回支払いの基準について
　　　・わかりやすさ
　　　・医学的妥当性
　　④ 三大治療の定義・給付範囲の定義の妥当性
　　　・手術（公的保険連動、旧タイプの手術約款、一部特定手術への給付）
　　　・放射線（50グレイ（Gy）の規定）
　　　・化学療法
　　　　　抗がん剤の定義
　　　　　給付範囲（保険適用薬、薬事承認薬、未承認薬）
　　⑤ 療養の各種給付（入院・通院・先進）の支払い基準の明確化

3) 保障の重複給付になっていないか（過剰給付と保険料過剰負担）
　　・重度保障と治療給付など重複給付の可能性

# 無駄な通算等の競争

科学的根拠に乏しい通算拡大競争が行われていることがあります。

保障が広い方が、比較広告で推奨しやすいという理由から医学的には不要とも思われる通算の基準が拡大されます。結果として、消費者に無駄な保障の購入や商品選びの本質から目を逸らさせるのは問題です。

経験の無い新しいリスクに対する保障を給付回数や給付金額の制限なく、無制限で保障する商品が終身保障として販売されていますが、どうしてこのような過大な保障を販売できるのだろうかと心配になります。新しく経験のないリスクに対して過大な保障を提供することは、無駄な保険料の負担をユーザーに強いていることに他なりません。その点を十分認識して販売を推奨するかどうか検討すべきでしょう。

がん保険に限定せずに、第三分野商品全体を俯瞰すると様々な通算の競争が認められます。すなわち

- ●先進医療の通算金額
- ●三大疾病の入院通算日数
- ●通院給付金の給付期間と給付日数
- ●生活習慣病保障に含める疾病数
- ●抗がん剤保障の給付月数

です。先進医療の通算を2000万円に設定している会社がありますが、一体どのようにしてその必要性を消費者に説明しているのでしょうか。医師である筆者にも理解できません。

また、がん入院の保障は、古くから通算無制限の保障でした。一方、最近三大疾病の保障を強化する名目で数社が心筋梗塞や脳卒中の入院を通算無制限に拡大しています。しかし、厚生労働省も長期入院が必要であると認めている疾病（特定除外疾病）を認定していますが、悪性新生物は認めていても、心筋梗塞も脳卒中も認定していません。

高血圧を含めた生活習慣病を保障するコンセプトも医学的には疑問ですが、これ以上指摘は、割愛します。

以上のとおり医学的に理解できない保障が、競争を勝ち抜くための差別化という理由だけで販売されているのは問題です。商品推奨の際には、このような部分の評価は慎重にすべきでしょう。

がん保険に関係して、通算競争に新しく参加したのは、抗がん剤治療給付金の給付月数です。5年分（60回）、10年分（120回）、無制限の3タイプの競争です。やはり保障の広さと見合った保険料なのか、よく考える必要があります。

これからの保険提案は、単純な給付回数、日数・月数・年数、給付金額の比較推奨は、意味がありません。優位性の競争は、その根拠の妥当性の説明可否が要（かなめ）です【図30】。

【図30】　他社差別化、優位性競争の後遺症である過剰と思える通算競争

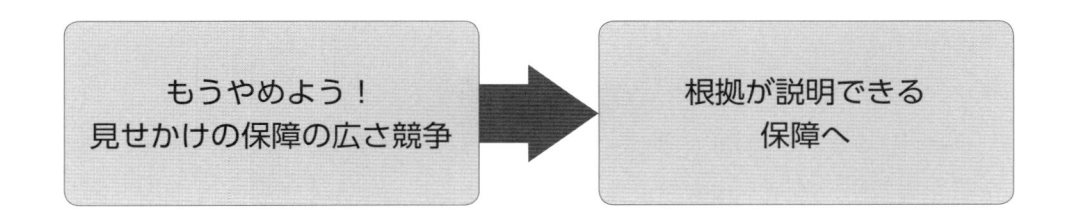

129

Ⅲ. 商品スペック各論と推奨視点

 がん・ガンの定義と確定診断の条件

　最初に全ての保障の前提になる規定である「がん・ガン」の定義と確定診断の条件を取り上げます。給付金支払い以外にも、無効規定運用、待ち期間の運用の基準にもなる最も重要な部分です。すなわち、「正しい支払いをするため」、そして「正しい医学的説明をするため」の商品の最重要ポイントです。

① 比較のポイント

　◇WHOの分類基準の使用と新しい基準の公開対応

　　▷ICD-10とICD-Oの両者を使用、またはICD-10のみ使用

　　▷最新の基準に準じる約款か否か

　◇診断確定は、病理組織所見を必須とする、または優先する約款か

タイプA	病理組織所見による診断を優先条件として認める
タイプB	病理組織所見またはその他の検査で認める
タイプC	責任開始後初めての悪性新生物罹患の診断

　◇「がん・ガン・悪性新生物」の用語使用の仕方

② 評価

❶ ICD-10とICD-Oの両方を使用することについて

　　ICD-10とICD-Oの両分類基準を使用した約款は、悪性と上皮内新生物の支払いが明確化し、支払い時のトラブルが少ない商品として推奨されます。

　　医学は進歩するので、最新の分類基準を使用する約款が望ましいと言えます。

❷ 診断確定における、病理組織所見について

　　病理組織所見による診断を優先条件とする約款規定が、支払い時のトラブルが少ない商品として推奨されます。

❸「がん・ガン・悪性新生物」の用語の使用についての医学的妥当性について

　　「がん・ガン」は造語としての約款上の使用は許容されても、医学用語である「悪性新生物」という単語自体を造語としての使用するのは、問題で早急に是正されるべきでしょう。「がん・ガン」の定義の約款別表に「悪性新生物とは、上皮内新生

物を含む」となっている約款は、さすがに問題です。

会社名	がんの定義	がんの診断確定条件 130ページのタイプ分けによる
ソニー生命 （がん保険）	悪性新生物に上皮内新生物を含む規定 ICD-10、ICD-Oの両者使用	タイプB
ひまわり生命 （がん保険勇気のお守り）	悪性新生物に上皮内新生物を含む規定 ICD-10、ICD-Oの両者使用	タイプA
プルデンシャル （がん保険事業保険用）	悪性新生物として上皮内新生物を含む規定 ICD-10のみ	タイプB
オリックス生命 （がん保険ビリーブ）	悪性新生物として上皮内新生物を含む規定 ICD-10のみ	タイプA
アクサ生命 （ガン治療保険）	悪性新生物と上皮内新生物を分別 （ガン＝悪性新生物） ICD-10、ICD-Oの両者使用	タイプA
あんしん生命 （ガン治療支援保険NEO）	悪性新生物と上皮内新生物を分別 （がん＝悪性新生物＋上皮内新生物） ICD-10、ICD-Oの両者使用	タイプA
AIG富士生命 （ベストゴールドα）	悪性新生物と上皮内新生物を分別（約款上、主契約からはがんという表現を排除） ICD-10、ICD-Oの両者使用	タイプA
あいおい生命 （新ガン保険α）	悪性新生物と上皮内新生物を分別 （ガン＝悪性新生物＋上皮内新生物） ICD-10、ICD-Oの両者使用	タイプA
マニュライフ生命 （こだわりガン保険）	悪性新生物と上皮内新生物を分別 （ガン＝悪性新生物＋上皮内新生物） ICD-10、ICD-Oの両者使用	主契約タイプC、特約タイプBの混在
アクサダイレクト （がん終身）	悪性新生物と上皮内新生物を分別 （がん＝悪性新生物＋上皮内新生物） ICD-10、ICD-Oの両者使用	タイプA
メットライフ生命 （ガードエックス）	悪性新生物と上皮内新生物を分別 （ガン＝悪性新生物＋上皮内新生物） ICD-10、ICD-Oの両者使用	タイプA
アフラック （がん保険Days）	悪性新生物と上皮内新生物を分別 （がん＝悪性新生物） ICD-10、ICD-Oの両者使用（最新版使用）	タイプA
チューリッヒ生命 （終身ガン治療保険）	悪性新生物と上皮内新生物を分別 （ガン＝悪性新生物＋上皮内新生物） ICD-10、ICD-Oの両者使用	タイプA

会社の掲載順は『インシュアランス生命保険統計号』(株式会社 保険研究所)の掲載順を参考にしています。

悪性新生物診断一時金

「がん」と診断されると給付金として一時金が給付される商品があります。主契約または特約として保障が付加されていますが、各社の商品を比較する上でポイントを解説します。

なお、診断確定の単独条件以外に、初回の入院や治療を条件に一時金が給付される商品（初回治療連動給付）も含みます。

①比較のポイント

◇給付のタイプ：

タイプ1	がんの診断確定があると給付される
タイプ2	がんの診断確定とがんの入院や治療などのイベントがあると給付される
タイプ3	がんの診断確定に加え部位または進行度の条件で給付される

②評価

❶診断一時金のない商品について

一時金が付加されていない商品の場合は、厚生労働省の研究で患者の自己負担額が調査されており、その結果を参考にするとがんの治療保障としては見劣りがしますが、別の三大疾病に加入されている顧客の場合には、その商品で一時金が保障されるので合わせて考えると問題ないと評価されます。

❷タイプ1と2について

保障が広いのはタイプ1です。特に入院や手術がなくても給付がされるなら診断確定した早期に給付金がもらえることになります。一方、タイプ2は入院などのイベントと関係しているので実際の費用負担と連動しており、ある意味合理性のある、より実損保障に近い商品と言えるでしょう。その分保険料は低廉になると考えられます。

❸悪性新生物の診断について

一時金の支払い条件が、タイプCの「責任開始後初めての悪性新生物罹患の診断」（130ページ）ですから、タイプAまたはタイプBの悪性新生物の存在診断と異なり、いつ罹患したのかの判断が必要になります。現実問題としてこのような診断を医師が正確にすることは大変難しいと考えられ、罹患の定義がなければ保険会社サイドの恣意的な運用

も懸念されるでしょう。推奨できません。

会社名	一時金の有無(※注)	給付と診断のタイプ 前132ページのタイプ分けによる
ソニー生命 (がん保険)	一時金あり、1回	タイプ1
ひまわり生命 (がん保険勇気のお守り)	一時金あり、複数回	タイプ1
プルデンシャル (がん診断保険)	一時金あり、1回	タイプ1
オリックス生命 (がん保険ビリーブ)	一時金あり、複数回	タイプ2
アクサ生命 (ガン治療保険)	一時金なし	一時金なし
あんしん生命 (ガン治療支援保険NEO)	一時金あり、複数回	タイプ1、
AIG富士生命 (ベストゴールドα)	一時金あり、複数回	タイプ1、
あいおい生命 (新ガン保険α)	一時金あり、複数回	タイプ1、
マニュライフ生命 (こだわりガン保険)	一時金あり、複数回	タイプ3
アクサダイレクト (がん終身)	一時金あり、1回	タイプ1
メットライフ生命 (ガードエックス)	一時金あり、原則1回 複数回特則あり	タイプ2+タイプ3
アフラック (がん保険Days)	一時金あり、複数回	タイプ1
チューリッヒ生命 (終身ガン治療保険)	一時金あり、複数回	タイプ1

※注:一時金給付タイプ(通常 診断給付金、初回治療連動給付)

# 診断一時金の複数回支払い

　診断一時金の給付後に、一定の条件に該当すると、診断給付金が複数回支払われる商品が数社から販売されています。長期の療養や重度の患者のための保障と考えられます。主な会社の支払い条件を約款から抜粋してみました。

ひまわり生命

> がん診断給付金の支払事由に該当した最後の日からその日を含めて2年を経過した日の翌日以後に、新たにがんと診断されたとき（再発、転移したがんを含みます）。
> ただし、再発の場合、すでに診断確定されたがんを治療したことによりがんが認められない状態（以下、「治癒または寛解」と言います）となり、その後再発したと診断確定されることを要します。

オリックス生命

> がん治療給付金の支払については、つぎのとおり取り扱います。
> (1)被保険者ががん治療給付金の支払われることとなった最終のがん治療給付金の支払事由に該当した日からその日を含めて2年以内にがん治療給付金の支払事由に該当した場合には、第1項の規定にかかわらず、会社は、がん治療給付金を支払いません。
> (2)被保険者ががん治療給付金の支払われることとなった最終のがん治療給付金の支払事由に該当した日からその日を含めて2年を経過した日の翌日に前項第3号に定める入院を継続中の場合には、その日に新たにがん治療給付金の支払事由に該当したものとみなして、会社は、がん治療給付金を支払います。

あんしん生命 （がん診断特約）

> ・既に診断確定された悪性新生物を治療したことにより、悪性新生物が認められない状態（以下、「治癒または寛解」と言います）となり、その後初めて悪性新生物が再発したと診断確定されたとき。
> ・既に診断確定された悪性新生物が、他の臓器に転移したと診断確定されたとき。
> ただし、その転移の以前においてその臓器に既にがんが生じていた場合を除きます。
> ・既に診断確定された悪性新生物と関係なく、悪性新生物が新たに生じたと診断確定されたとき。
> ※2年に1回を限度、ただし上皮内新生物に関しては1回限度
> ※前回の診断給付金支払事由該当日からその日を含めて2年以内に診断給付金の支払事由に新たに該当した後、次の①〜③のいずれかに該当した場合には、該当したその日に新たな診断給付金の支払事由に該当したものとみなして、診断給付金を支払います。
> ①前回の診断給付金支払い事由該当日からその日を含めて2年経過した日の翌日にがんの治療を直接の目的とした病院または診療所における入院をしているとき。
> ②2年経過した日の翌日以後の保険期間中に、がんの治療を直接の目的とした病院または診療所における入院を開始したとき。
> 2年経過した日の翌日以後の保険期間中に、がんの治療を直接の目的とした病院または診療所における通院したとき。

AIG富士生命

前回の悪性新生物給付支払事由該当日から起算して2年を経過した翌日以後に、責任開始日以後の保険期間中に診断確定された悪性新生物の治療を目的として病院または診療所において入院を開始したときまたは通院をしたとき
※前回の悪性新生物給付支払事由該当日から起算して2年を経過した翌日に、悪性新生物の治療を目的とした入院を継続している場合には、その日に入院したものとみなして悪性新生物診断給付金をお支払いします。

あいおい生命

ガン給付金責任開始期以後に初めてガンと診断確定された日の翌日以後、ガン給付金責任開始期以後に診断確定されたガンを直接の原因とする入院
※ガン診断給付金の支払われることになった最終の入院の開始日(ガン給付金責任開始期以後に初めてガンと診断確定されたことによりガン診断給付金の支払われることになった場合は、その診断確定日。次項の規定によりガン診断給付金が支払われることになった場合は、支払入院を開始したとみなされた日)からその日を含めて2年以内にガン診断給付金の支払事由に該当した場合には支払いません。
※ガン給付金診断給付金の支払われることになった最終の入院の開始日からその日を含めて2年を経過した日の翌日に主契約のガン入院給付金の支払事由に該当する継続入院中の場合には、その日に入院を開始したものとみなして、ガン診断給付金を支払います。

マニュライフ生命（悪性新生物診断給付）

初めて悪性新生物と診断確定された日からその日を含めて2年を経過した日の翌日以後に、診断確定された悪性新生物の治療を目的として入院を開始されたとき
※悪性新生物診断給付金のお支払事由に該当された日からその日を含めて2年を経過した日の翌日に悪性新生物の治療を目的とする入院を継続している場合には、その日にお支払事由に該当したものとみなして悪性新生物診断給付金をお支払いします。
※悪性新生物診断給付金の支払われることとなった最終の入院の開始日からその日を含めて2年以内に悪性新生物診断給付金のお支払事由に該当した場合は、悪性新生物診断給付金はお支払いしません。

メットライフ生命

被保険者が悪性新生物治療給付金の支払われることになった最終の悪性新生物治療給付金の支払事由該当日からその日を含めて1年以内に悪性新生物治療給付金の支払事由に該当した場合には、前項に規定にかかわらず、悪性新生物治療給付金を支払いません（※逆に1年経過後は支払う規定）。

アフラック

直前のがんによる特約診断給付金の支払事由該当日の属する月の初日からその日を含めて2年を経過した日の翌日以後に、次の（a）および（b）に該当すること
（a）がんと診断確定されていること
（b）がんの治療を直接の目的とする入院をしていること

チューリッヒ生命

前回のガン診断給付金のお支払い事由に該当した日からその日を含めて2年を経過した日の翌日以後に、ガンの治療を直接の目的として入院されたとき。

①比較のポイント

◇給付される条件

▷給付条件のシンプルさ、支払い審査が簡便なこと

▷医学的妥当性

▷支払い間隔（1年、2年）

　医学的な判断が加わるため複雑な条件の商品も存在します。しかし、商品の推奨をするには、この部分の理解がとても重要です。単純に「複数回支払われます」では、比較したことにはなりません。

②評価

・約款の難易度（医学的基準の難しさ）について

「再発や寛解」など主治医でも医学的な評価が難しい基準を約款に盛り込むのは消費者にとって当然、理解しづらいでしょう。

　2年してがんが存在確認され、治療のための入院や通院というイベントで支払える基準の商品の方が、支払事由としては消費者に理解されやすいでしょう。結果として請求時の支払トラブルも少ないと思われます。

❶上皮内新生物診断給付複数回支払いについて

　上皮内新生物は簡便に治療され、長く療養するリスクも死亡するリスクもないので、複数回給付の商品コンセプト自体に問題があります。支払対象となっていなくても医学的に販売上不利な商品とは考えられません。

❷支払い間隔について

　メットライフのガードエックスだけ、支払い間隔が1年になっていますが、多くの会社は2年です。治療費用を一括して支払っているため1年になっているのでしょう。また別に特約で、診断給付金が用意されています。そのため、商品構成が複雑になってしまっているようです。

会社名	支払間隔	コメント
ひまわり生命 （がん保険勇気のお守り）	支払間隔2年、主契約 支払回数制限なし 上皮内新生物も支払対象	治癒や寛解の医学的評価が難しい（治癒寛解の問題）、再発の発見を遅らせるため2年目まで通院を忌避する懸念あり
オリックス生命 （がん保険ビリーブ）	支払間隔2年、主契約 上皮内新生物も支払対象	支払条件がシンプルでわかりやすい
あんしん生命 （ガン治療支援保険NEO）	支払間隔2年、主契約 支払回数制限なし 上皮内新生物は対象外	約款が難解、何故、寛解の条件が必要なのか支払事由が必要か疑問 治癒や寛解の問題あり
AIG富士生命 （ベストゴールドα）	支払間隔2年、主契約 支払回数制限なし 上皮内新生物診断給付金は特約	支払条件がシンプルでわかりやすい
あいおい生命 （新ガン保険α）	支払間隔2年、特約 支払回数制限なし 上皮内新生物も支払対象	支払条件がシンプルでわかりやすい
マニュライフ生命 （こだわりガン保険）	支払間隔2年、主契約 支払回数制限なし 上皮内新生物も支払対象（半額）	別途、ステージⅢ、Ⅳに対する給付があるが、治療給付と重複給付になり、医学的に複雑
メットライフ生命 （ガードエックス）	支払間隔1年 支払上限5回と10回タイプ 上皮内新生物も支払対象	もともとの治療給付金の支払基準がやや複雑
アフラック （がん保険Days）	支払間隔2年、特約 支払回数制限なし 上皮内新生物も支払対象（1/10）	支払条件がシンプルでわかりやすい
チューリッヒ生命 （終身ガン治療保険）	支払間隔2年、特約、 支払回数制限なし 上皮内新生物も支払対象	支払条件がシンプルでわかりやすい

上皮内新生物保障額

　上皮内新生物保障の必要性については、第2章の上皮内新生物の解説を十分理解して、ご自身で判断してください。筆者個人としては医療保険に加入していれば十分だと考えます。「上皮内新生物保障」はかえって商品を複雑にする原因だと考えています。

①比較のポイント

　　◇診断一時金が悪性新生物と同額か否か

　　◇診断複数回支払いの対象か否か

　　◇入院や手術給付金の対象か否か

　　◇無効規定の有無があるか否か

②評価

　推奨基準としては、上皮内新生物に対する保障額の多寡よりも上皮内新生物に対する無効規定の有無の方が重要です。なければ推奨の対象でよいでしょう。

　がん保険におけるがん無効規定の意義は、拙著『がんとがん保険』（保険毎日新聞社2015年）で解説しています。悪性新生物と上皮内新生物は生物学的に異なる状態で、医師の告知に関する判断も両者で全く異なります。上皮内新生物の無効規定があると、過去のがん検診で異常の指摘や、消化管のポリープ切除をした経験のある方の場合は医師から詳細な説明を受けずに上皮内新生物であった可能性があるため、いつになれば安心して保障が得られるのかわからないという契約の不安定性が増すのです。これは、消費者にとって大きな問題です。現在、上皮内新生物は、高度異形成のみならず中等度異形成へ拡大しようとしていますからなおさら問題です。保障の有無だけでなく、不利益部分を必ず、重要事項として説明しなくてはなりません。

　上皮内新生物の医学的理解を深めていただければ、比較ポイントのその他の部分は、推奨のポイントに値するものではないことは、理解していただけると思います。

会社名	診断一時金の有無	給付額(※)	複数回支払の有無	入院・手術保障の有無と給付金額	無効規定の有無(※)
ソニー生命 （がん保険）	主契約	同額	なし	主契約、同額	あり
ひまわり生命 （がん保険勇気のお守り）	主契約	同額	あり	主契約、同額	あり
プルデンシャル生命 （がん保険事業保険用）	主契約	同額	あり	主契約、同額	あり
オリックス生命 （がん保険ビリーブ）	主契約	同額	あり	主契約、同額	あり
アクサ生命 （ガン治療保険）	なし	なし	なし	特約、同額	なし
あんしん生命 （ガン治療支援保険NEO）	主契約	同額	なし	主契約、同額	あり
AIG富士生命 （ベストゴールドα）	特約	半額	あり	特約、同額	あり
あいおい生命 （新ガン保険α）	特約	同額	あり	主契約、同額	あり
マニュライフ生命 （こだわりガン保険）	主契約	不明	あり	特約、同額	あり
アクサダイレクト生命 （がん終身）	主契約	同額	なし	入院主契約、同額 手術特約、同額	あり
メットライフ生命 （ガードエックス）	特約	半額	あり	入院特約、同額 手術主契約、半額	あり
アフラック （がん保険Days）	主契約	1/10	あり	入院主契約、同額 手術特約、同額	なし
チューリッヒ生命 （終身ガン治療保険）	特約	同額	あり	特約、同額	あり

※給付額は、悪性新生物の給付金額との比較

※無効規定は、責任開始期前の上皮内新生物の確定診断による無効規定の有無

◆◆ 入院給付

　責任開始後に確定診断されたがんの入院について日額給付する保障で、主契約で提供する会社と特約で給付する会社が見られます。保険事故の定義、すなわち給付条件はどの保険会社もほぼ同じで、通算も無制限です。

①比較ポイント

❶他の疾病入院のがん診断やがん療養中の他の疾病発症に関する給付約款

　給付の際のトラブルが多い他の傷病による入院との分別が約款に明示されているかどうかがポイントになります。以下の補則の有無です。

Ａ：がん入院中に、他の傷病による入院で継続した場合の補則

Ｂ：他の傷病で入院中にがんが確定診断された場合、診断前の治療部分の給付可否についての補則

Ｃ：他の傷病で入院中にがんが確定診断された場合、診断後の入院部分の取扱いについての補則

❷短期間入院重点保障の有無

　5日までの短期間入院に上乗せ日額保障の有無

❸保険事故の定義に2種類見られ、「直接」という表現の有無が異なります。

「がん治療を直接の目的とする入院」

「がん治療を目的とする入院」

②評価

❶入院給付金保障が主契約に含まれているか

　各社の商品戦略ですので、一概にどちらがよいかわかりませんが、消費者はがん保険加入で「がんの入院保障がある」という期待感はあるはずです。

❷短期間入院の保障を厚くする必要性

　医療保険のように短期間入院重点保障の機能を付加することも今後考えられますが、がんの3大治療の保障が付加されていれば、短期間入院の保障を厚くする必要性は大きくないと考えます。

❸支払の明確化

　補則Ａ、Ｂ、Ｃの明記は重要で特にＡ、Ｃの記載の有無は推奨基準と考えます。保

険事故の定義も「直接」という表現があれば、支払いのトラブルは少ないでしょう。

会社名	入院給付の要件	補則の有無
ソニー生命 （がん保険）	主契約 がんの治療を直接の目的とする入院	補則A、Bあり
ひまわり生命 （がん保険勇気のお守り）	主契約 がんの治療を直接の目的とする入院	補則なし
プルデンシャル生命 （がん保険事業保険用）	主契約 がんの治療を直接の目的とする入院	補則A、B、Cあり 在宅ホスピスみなし入院規定付
オリックス生命 （がん保険ビリーブ）	主契約 がんの治療を直接の目的とする入院	補則Bあり
アクサ生命 （ガン治療保険）	特約 がんの治療を直接の目的とする入院	補則A、Cあり
あんしん生命 （ガン治療支援保険NEO）	主契約 がんの治療を直接の目的とする入院	補則Aあり
AIG富士生命 （ベストゴールドα）	特約 がんの治療を直接の目的とする入院	補則なし
あいおい生命 （新ガン保険α）	主契約 がんの治療を目的とする入院 短期間入院重点保障あり	補則A、Cあり
マニュライフ生命 （こだわりガン保険）	特約 がんの治療を目的とする入院	補則Cあり
アクサダイレクト生命 （がん終身）	主契約 がんの治療を直接の目的とする入院	補則A、Cあり
メットライフ生命 （ガードエックス）	特約 がんの治療を目的とする入院 長期入院金あり	補則Cあり
アフラック （がん保険Days）	主契約 がんの治療を直接の目的とする入院	補則Bあり
チューリッヒ生命 （終身ガン治療保険）	特約 がんの治療を直接の目的とする入院	補則Cあり

◆◆ 手術給付

がんの治療を目的とした手術に対して多くの会社が手術給付金を用意しています。

手術給付金は、医療保険でかつて支払い漏れが多発して問題になりましたが、がん保険の場合は、「がんに該当するのか否か」「がんの治療目的の手術か否か」「根治術なのかその他の悪性新生物の手術なのか（勾配給付のある場合）」といった支払いの判断が必要になるので、支払い時のトラブルを考えればシンプルな商品が推奨されるかもしれません。要するに、診断一時金が充実しているならば、一定額の手術給付金で納得すればよいのでしょう。

①比較ポイント

◇公的保険連動方式か、限定列挙方式か

◇公的保険連動方式では、骨髄幹細胞移植が対象か

◇勾配給付（手術により倍率が異なる）か否か

◇限定列挙方式では、根治術の補足説明があるか否か

②評価

❶給付額について

診断一時金の給付金があるならば、保険適用の手術については高額療養費制度も利用できることを考えると高額な手術給付は不要でしょう。

❷支払い時のトラブルについて

支払い漏れや給付額の間違いなどを考慮すると定額給付の公的保険連動タイプの商品が推奨されるでしょう。また限定列挙方式なら、根治術の補足説明がある方が、トラブルが少ないでしょう。

❸重度の手術に手厚い給付

例えば「開胸手術は給付額を増額」は、一見保障が充実して見えますが、実際に支払いトラブルは増えるのです。したがって「開胸手術」の説明が必要になりますのでできるだけ保障内容はシンプルなものがよいでしょう。

会社名	手術給付タイプ	根治術の補足説明と 骨髄移植対象可否
ソニー生命 （がん保険）	主契約、限定列挙方式4種類（3段階給付額）	根治術補足説明あり 同種骨髄移植は対象
ひまわり生命 （がん保険勇気のお守り）	主契約、限定列挙方式5種類（3段階給付額）	根治術補足説明あり 同種骨髄移植は対象
プルデンシャル生命 （がん診断保険）	主契約、限定列挙方式4種類（3段階給付額）	根治術補足説明あり 同種骨髄移植は対象
オリックス生命 （がん保険ビリーブ）	主契約、限定列挙方式5種類	根治術補足説明あり 同種骨髄移植は対象
アクサ生命 （ガン治療保険）	主契約、公的保険連動方式（一律定額）一定の手術はサポート給付金の上乗せあり	同種骨髄移植は対象
あんしん生命 （ガン治療支援保険NEO）	特約、限定列挙方式5種類（一律定額）	根治術補足説明なし 同種骨髄移植は対象
AIG富士生命 （ベストゴールドα）	特約、限定列挙方式5種類（一律定額）	根治術解説なし 同種骨髄移植は対象
あいおい生命 （新ガン保険α）	主契約、限定列挙方式5種類（一律定額）	根治術補足説明あり 同種骨髄移植は対象
マニュライフ生命 （こだわりガン保険）	特約、公的保険連動方式（一律定額）	同種骨髄移植は対象
アクサダイレクト生命 （がん終身）	特約、限定列挙方式4種類（一律定額）	根治術補足説明なし 同種骨髄移植は対象 上皮内新生物手術給付金は通算1回
メットライフ生命 （ガードエックス）	主契約、公的保険連動方式 ガン治療給付金に組み込み	手術・放射線・抗がん剤治療給付金と診断一時金の要素の要素もあり
アフラック （がん保険Days）	特約、公的保険連動方式（一律定額）	放射線治療給付で同種骨髄移植は対象
チューリッヒ生命 （終身ガン治療保険）	特約、公的保険連動方式（一律定額）	同種骨髄移植は対象

◆◆◆ 放射線治療給付

　放射線治療は、「治療方法」「治療装置」「治療適応」が進歩拡大しています。すでに、年間20万人以上、罹患者の25％以上が放射線治療を受けている時代です。粒子線や重粒子線も放射線治療の一種とも言えますが、先進医療として実施されているので先進医療特約（給付金）等で保障されています*。特殊な例を除けば、数万円から数十万円の負担で済みますので、自己負担のカバーとしてはそれほど高額な保障は必要ありません。がん特有の治療の代表であり、がん保険の提供するサービスの象徴的給付です。

　放射線給付では、以前から50グレイ（Gy）未満の免責規定が放射線治療領域で非常に大きな問題になっていました。筆者の記憶でも放射線の専門学会から免責規定撤廃の申し入れが生命保険協会にあったことを覚えています。したがって、規定撤廃が推奨ポイントの重要な部分です。

* 平成28年4月から粒子線治療の一部が保険適用になりましたが多くの粒子線治療は引き続き先進医療として実施されます。ただし、日本放射線腫瘍学会等の基準に従って実施される必要があります。

①比較のポイント

❶放射線治療を受けると給付金の保障が得られることがわかりやすく商品設計されているか

　・旧来の手術給付4～5種類の中で放射線治療が給付されるタイプ

　・公的医療保険の手術に連動して給付されるタイプ

❷50グレイ（Gy）未満の給付されない免責規定の有無

②評価

❶独立した給付金として提供されているのか、あるいはそれに準じる形態か

　給付金が独立して保障があることが明示されている商品がベターでしょう。

　公的医療保険に連動するタイプが該当します。

❷50グレイ（Gy）の免責規定

　最大の訴求ポイントであり推奨ポイントです。免責規定がない商品が推奨です。

会社名	放射線治療給付のタイプ	規定
ソニー生命 （がん保険）	限定列挙の手術として給付	50Gy 規定あり、1 回 /60 日
ひまわり生命 （がん保険勇気のお守り）	限定列挙の手術として給付	50Gy 規定あり、1 回 /60 日
プルデンシャル （がん診断保険）	限定列挙の手術として給付	50Gy 規定あり、1 回 /60 日
オリックス生命 （がん保険ビリーブ）	限定列挙の手術として給付	50Gy 規定あり、1 回 /60 日
アクサ生命 （ガン治療保険）	公的保険連動	50Gy 規定なし、1 回 /60 日
あんしん生命 （ガン治療支援保険NEO）	限定列挙の手術として給付	50Gy 規定なし、1 回 /60 日
AIG 富士生命 （ベストゴールド α ）	限定列挙の手術として給付	50Gy 規定あり、1 回 /60 日
あいおい生命 （新ガン保険 α ）	限定列挙の手術として給付	50Gy 規定なし、1 回 /60 日
マニュライフ生命 （こだわりガン保険）	公的保険連動	50Gy 規定なし、1 回 /60 日
アクサダイレクト生命 （がん終身）	限定列挙の手術として給付	50Gy 規定あり、1 回 /60 日
メットライフ生命 （ガードエックス）	主契約、ガン治療給付金として診断と治療の組み合わせによる給付条件、公的保険連動	50Gy 規定なし
アフラック （がん保険Days）	公的保険連動	50Gy 規定なし、1 回 /60 日
チューリッヒ生命 （終身ガン治療保険）	公的保険連動	50Gy 規定なし、1 回 /60 日

❖❖ 抗がん剤

医療保険に先進医療保障の付加が当たり前になったように、がん保険では抗がん剤保障が当たり前の時代が来ています。

①比較のポイント

❶給付の有無

❷給付の薬剤の範囲

・保険適用の薬剤のみか

・薬事承認されている薬剤も給付されるのか（保険適用より給付対象が広い）

・未承認薬（自費診療の）の給付はされるのか

❸抗がん剤の定義

・日本の標準商品分類かWHOの分類基準か（WHO基準はより給付対象が広い）

❹投与方法

・入院も外来も対象か

・経口薬剤も対象か

❺給付限度・免責

・月額給付のタイプが主ですが、通算月数60ヵ月と120ヵ月がみられます。

・ホルモン剤を別給付あるいは給付しない商品があります。

②評価

❶給付上限について

抗がん剤は長期に投与されることがありますが、毎日長期に継続して使用する薬剤から、標準治療として決められたレジメン（82ページ　＊書き）で非経口投与による治療を受けるものまで様々です。厚生労働省の研究でも現在化学療法を受けている半数以上の患者が外来で投与されています。単剤投与が多く、主にホルモン剤です。したがって、給付月数の限度は最低60回というところです。内分泌薬は長期性投与がよく見られますが、一方で他の薬剤よりは安価です。

❷給付範囲について

重要なポイントですが、保険適用薬剤のみならず、薬事承認されている薬剤は全て

会社名	化学療法給付の規定	給付範囲他
ソニー生命 （がん保険）	特約、 約款主文は保険適用薬 別表は薬事承認薬で不一致	月額給付、通算120ヵ月限度 日本分類基準および限定列挙された薬剤
ひまわり生命 （がん保険勇気のお守り）	主契約、外来治療給付金として、外来で化学療法をした場合に給付	日額給付、確定診断後1年間、120日限度 公的基準なし（疼痛緩和治療も対象） 細胞免疫療法、ワクチン療法を含む
プルデンシャル （がん診断保険）	なし	
オリックス生命 （がん保険ビリーブ）	特約、がん通院給付金として抗がん剤治療の通院日に給付 保険適用薬	日額給付、退院後1年間、60日限度、 日本分類基準、経口投与は除外、ホルモン剤は対象外
アクサ生命 （ガン治療保険）	主契約、保険適用薬	月額給付、通算60ヵ月限度、 日本標準商品分類8742、ホルモン剤対象外
あんしん生命 （ガン治療支援保険NEO）	特約、薬事承認薬	月額給付、通算60ヵ月限度、WHO基準、ホルモン剤対象
AIG富士生命 （ベストゴールドα）	なし	
あいおい生命 （新ガン保険α）	なし	
マニュライフ生命 （こだわりガン保険）	特約、保険適用薬	月額給付、通算60回限度、 WHO基準、ホルモン剤対象 緩和ケア給付金別途あり
アクサダイレクト生命 （がん終身）	なし	
メットライフ生命 （ガードエックス）	悪性新生物治療給付金として給付、薬事承認薬	年額給付（1年に1回） WHO基準 ホルモン剤は別特約として対象
アフラック （がん保険Days）	特約、薬事承認薬	月額給付、通算60ヵ月限度 （ホルモン剤は120ヵ月） WHO基準
チューリッヒ生命 （終身ガン治療保険）	主契約、保険適用薬	月額給付、無制限 WHO基準、ホルモン剤対象 抗がん剤適用の約款記載が複雑

※薬剤料や処方箋料が診療報酬点数表で算定されるのは、保険適用薬であり治験等では算定されず原則製薬メーカー負担である（第3章『新しいがん免疫療法』の項【表52】参照）

給付対象になる商品の方がベターです。また、今後新規に販売される薬剤も対象になる商品でなければ問題です。表では、

❸ホルモン剤の給付について

　ホルモン剤もがん治療薬として重要です、給付される商品が推奨対象です。

❹経口薬剤について

　最近は、内服の抗がん剤も高額化しています。したがって、経口薬剤も給付対象となる商品が推奨されます。

❺その他

　抗がん剤ではありませんが、副作用を抑える薬剤や疼痛を抑える治療薬も別途給付金を用意している商品もあるので、推奨可否の参考になるでしょう。

　抗がん剤治療を巡る環境は、現在二つの点で大きく変わっています。

　第一には、がん治療と言えば、かつては手術が主役でしたが、今やがん治療の主役の座を奪取するほど、抗がん剤治療は治療の中心的存在になりつつあります。また、患者に合った治療という個別的医療の牽引役になってきています。二つ目は、抗がん剤が高額化しており、患者の経済的負担になっていることです。

　抗がん剤の高額化で患者はもちろんですが治療医までが困っています。患者の経済力により、最適な治療薬を投与できない場合があるからです。ひどい場合は、治療を中断してしまう患者もいます。これは医療の現場で問題になっています。抗がん剤治療の専門家も、民間保険会社の抗がん剤治療保障に大きな期待を寄せています。比較推奨する上では、その点を十分理解しておく必要があるでしょう。保障がないことは問題と言えるかもしれませんが、その上に保障の質が大事になります。大事なことは、患者が理解する抗がん剤と約款で対象とする抗がん剤の違いが少ないことが重要です。

インターフェロンって
抗がん剤のことかしら？
がん保険給付金は
どうなるの？？

お母様の腎臓癌を
インターフェロンで
治療しますね。

149

先進医療保障

　先進医療は、公的管理の混合診療（保険外併用療養費適用の保険非適用療養制度）として技術料部分の患者負担（原則）で療養が受けられる評価療養の一類型です。顧客に何故この制度があるのか説明できるようにしておくことが重要です。単に「粒子線で約300万円費用がかかります。先進医療給付金でまかなえます」だけでは不十分です。

　いまのところ先進医療の実績は、ほとんどが粒子線治療への給付で、国民の医療費に対する先進医療の費用総額は、少額です。今後、制度が充実されるのか否か、動向を見極める必要があるでしょう。なお、商品推奨では、同一会社で1契約しか締結できない影響を見極めることも重要です。

①比較ポイント

◇実損補填か否か【表78】【表79】

タイプA1	先進医療に係る費用(技術料)の負担
タイプA2	先進医療に係る費用(技術料)の中で患者負担分の給付(真の実損)
タイプB	その他の実損保障以外のタイプ(今回比較した商品にはありません)

◇終身保障か有期保障か

　今後先進医療は拡充され給付発生が高くなると見込まれます。現在では月払い保険料は安価で付加率が高いですが、今後保険料の高料化が予想されます。したがって、先進医療にだけ注目すれば終身がお得なようです。

◇がん以外の傷病による先進医療も保障されるのか

タイプ1	がんのみ(今回比較した商品は、全てこのタイプ)
タイプ2	がん以外も保障

◇その他の付加給付

　先進医療一時金の名目で療養のための交通費を定額で給付する保障が付加されている会社もあります。

【表78】 約款の瑕疵なのか（何故、このような商品が認可されたのか？）

タイプA1の商品は、表現の妥当性はご容赦願うとして筆者が考えるところ欠陥商品です。
消費者からすれば、絶対にタイプA1がお得です。しかし、約款の瑕疵です。先進医療の技術料のすべてが患者負担ではなくて未承認の薬剤や医療機器の費用は、メーカー負担だからです。

例えば……
250万円の未承認薬剤を使用した先進医療の療養を受けても、薬剤費用の200万円分が、メーカー負担で患者負担になっていないケースが多くあります。しかし、タイプA1の商品では被保険者（受取人）に250万円給付される約款になっています。

これは、認可審査にも問題があると考えます。

【表79】 先進医療の費用負担

パターン1
保険給付されない費用（「先進医療に係る費用」）≠　患者の自己負担
パターン2
保険給付されない費用（「先進医療に係る費用」）＝　患者の自己負担

【表80】 1社1契約のため医療保険とがん保険の先進医療給付金の比較

	対象	待ち期間	保険料
がん先進	がんのみ	90日（3ヶ月）	安い
医療保険その他の先進	がん以外の傷病も対象	なし	がん保険の先進医療より高いが、月額200円程度の保険料

② 評価

他の会社の先進医療保障に加入していれば重複給付になりますが、古い時代の高度先進医療特約などの場合もあり、新しい実損保障を選ぶなら、がん保険に付加された先進医療給付金を推奨してもよいでしょう。

❶実損保障か、それ以外のタイプかどちらがよいか

比較した商品は全て実損保障でした。問題は技術料の支払いか、技術料の中で実費を給付するのかという比較説明が必要になります。

❷医療保険の先進医療給付か、がん保険の先進医療給付か

逆選択でも考えるのでなければ90日の待ち期間の有無は考慮する必要はありませんが、【表78】（151ページ）のとおりの医療保険に付加できる先進医療特約とは差があるので、その部分は説明が重要です。

❸終身か有期保障のどちらがよいか

保険料の予測からすると終身保障がお得になりますが、特約として付加されていることが多いので、主契約との関係で考えなくてはなりません。先進医療給付単独では、終身と有期の比較は難しいでしょう。

❹通算限度について

通算限度の差は見られますが、現実問題1000万円を超えるような負担が先進医療として必要かどうかを、保険会社自身が明確な説明をしているのは聞いたことがありません。評価の重要ポイントにしなくても筆者としてはよいと考えます。

❺付加給付（お見舞金、交通費補助）について

患者に必要な先進医療が、近くの病院で実施されていないことがあるので、交通費や宿泊費が必要になることはあるでしょう。絶対に必要な給付金ではないので単純に消費者の好みです。比較推奨のポイントになるほどの給付金ではないと考えます。

③覚えるべきルール

他の給付金と異なり、先進医療給付は1社1契約という販売上の縛りがあります。医療保険やその他の商品とがん保険に付加される先進医療の比較では、がん保険は安価ですが、保障ががんのみという制限があります【表80】。

会社名	給付の有無、保障期間	給付の範囲等
ソニー生命 （がん保険）	特約、タイプA1、タイプ1	待ち期間90日、通算1000万円
ひまわり生命 （がん保険勇気のお守り）	特約、タイプA1、終身	待ち期間90日、通算1000万円、
プルデンシャル生命 （がん診断保険、がん入院特約）	特約、タイプA2	通算1000万円（汎用的特約で、がん保険に付加可能か不明）
オリックス生命 （がん保険ビリーブ）	特約、タイプA1、終身	待ち期間90日、通算2000万円
アクサ生命 （ガン治療保険）	特約、タイプA2、有期	1回1000万円上限、通算2000万円限度、先進医療一時金有
あんしん生命 （ガン治療支援保険NEO）	特約、タイプA1、終身、有期	待ち期間90日、通算2000万円
AIG富士生命 （ベストゴールドα）	特約、タイプA1、終身	待ち期間90日、通算2000万円
あいおい生命 （新ガン保険α）	特約、タイプA2	待ち期間90日、通算2000万円交通費、宿泊費の給付あり
マニュライフ生命 （こだわりガン保険）	特約、タイプA1、有期（10年更新、90歳上限）	待ち期間90日、通算2000万円見舞給付金あり（1回5万）
アクサダイレクト生命 （がん終身）	特約、タイプA2、有期（10年更新、80歳上限）	待ち期間90日、通算500万円
メットライフ生命 （ガードエックス）	特約、タイプA1、有期（10年更新、年齢上限なし）	待ち期間90日、通算2000万円、支援給付金あり技術料20%限度
アフラック （がん保険Days）	特約、タイプA2、有期（10年更新）	待ち期間3ヶ月、通算2000万円先進医療一時金有（1回／年限度）
チューリッヒ生命 （終身ガン治療保険）	特約、タイプA1、終身	通算2000万円 先進医療支援給付金（15万）

※A1:先進医療に係る費用の給付、A2: 先進医療に係る費用で患者が負担した費用の給付

◆ 通院保障

　入院期間が短縮化しています。その要因としては医療技術の進歩のほかに、短期間の入院で治療が済めば、医療機関の診療報酬が高くなるような政策誘導がされている影響がその背景にあります。【表81】のように、今後の医療環境を考えると通院保障は重要性を増すでしょう。しかし、保険業界が過去実施した支払いに関する再検証で、通院給付の支払い漏れや請求漏れが多発していたことが判明し、それまで通院給付を保障していた会社の中には通院保障から撤退したところもあります。また商品内容を変更し通院保障や退院後の療養給付の名目で退院時に定額一時金を給付している会社もあります。

　実際の通院日に連動した給付金は、保険料も廉価で付加率も高いので、新規にがん保険に加入される消費者からすれば保障として検討する価値はあるでしょう。

①比較のポイント

　基本的に通院日に合わせた日額給付が骨格となります。

　◇往診を含むか否か

　◇給付のタイプ

　❶日額タイプか退院時定額給付か【表82】

　　　通院時の診療行為にリンクして日額給付するタイプ１

　　　退院時に通院給付という名目で一時金を給付するタイプ２

　❷入院とリンクした給付（157ページ）

　　　退院後に限定するタイプＡ１

　　　入院前の通院も保障するタイプＡ２

　　　入院が無くても治療を目的とした通院を保障するタイプＢ

【表81】　通院保障が必要である理由

●入院は医療制度の影響で短縮化している（診療報酬）。 ●完全に治癒して退院しているわけではない（国の統計もある）。 　　　DPC病院の統計では、治癒や軽快状態で退院できない患者の割合は20％を超えている（全傷病を含むデータ：平成26年度DPC導入の影響評価に係る調査「退院患者調査」結果） ●退院後のがんリハビリ療養をする病院が不足している。 ●治療が入院から外来へシフトした明確なデータはないが、治療の前後で実施されていた検査は外来通院で実施されるようになった（国の統計もある）。 ●今後、法定負担を拡大する検討がされる（保険免責、受診時定額負担等） ●抗がん剤は、半数以上の患者が外来通院で投与されている（厚生省の研究）。

【表82】　給付のタイプ

タイプ1	ひまわり生命、あんしん生命、あいおい生命、マニュライフ生命、メットライフ生命、アフラック
タイプ2	ソニー生命、アクサダイレクト
タイプ1+2	オリックス生命
通院保障なし	プルデンシャル、アクサ生命、富士生命

155

②評価

❶給付の有無と給付タイプは

入院とリンクした外来通院保障のタイプ（A1、A2）が多くなっています。給付管理事務の負荷は大きくなりますが、入院していなくても診断確定後の通院が保障されるA2またはタイプBは、がん診療の実態に合致しているでしょう。

通算給付日数の上限に差がみられますが、推奨基準になるような差ではないと考えられます。通院給付の保障にだけ焦点を当てずに、他の保障との関係で必要性を判断すればよいでしょう（例えば抗がん剤保障が付加されていて保障の一部として、外来通院保障されている場合など）。今後、様々な法定負担が拡大すると予想されるので、通院給付の保障の強化は必要になるでしょう。

❷退院時の一時金の有無について

通院給付の代わりに一定条件の入院後、生存して退院した場合に定額の一時金が支払われる保障を付加している商品が見られます。退院療養など名称には「通院」の表記はありませんが、通院給付金を意識して定額給付の形で退院後の保障を提供しています。当然、通院日に合わせた日額給付より保険会社の給付管理は容易になります。通院給付との比較では退院時の一時金の給付条件も含めた比較が必要になります。

なお、通院給付金も退院時の一時金も両方提供しているのは、オリックス生命の商品です。通院給付を用意していない会社では、退院時の一時金給付を用意して商品の訴求力を向上させていると考えられます。

❸他の保障との重複

通院給付金という名称では保障はありませんが、他の給付金（手術、放射線、化学療法給付金など）で実質的に通院給付金の保障を提供しているのは、アクサ生命です。

このような保障と通院給付の保障のトータルで、実質的な保障の充実度を確認してください。

会社名	通院給付金のタイプ、給付範囲	条件、その他
ソニー生命 （がん保険）	なし （退院後療養給付金あり）	
ひまわり生命 （がん保険勇気のお守り）	主契約、タイプB	診断給付金該当日後1年、120日、一定条件のもとで1年更新
プルデンシャル生命 （がん診断保険）	なし	
オリックス生命 （がん保険ビリーブ）	特約、タイプA1、B	A1：退院後1年、期間内60日上限
アクサ生命 （ガン治療保険）	なし （緩和療養の通院は保障）	
あんしん生命 （ガン治療支援保険NEO）	特約、タイプA2	入院前60日、退院後180日以内45日限度、通算730日限度
AIG富士生命 （ベストゴールドα）	なし	
あいおい生命 （新ガン保険α）	特約、タイプB （在宅療養特約あり）	診断確定後5年間、日数限度なし 5年経過後も一定条件を満たせば給付する規定あり
マニュライフ生命 （こだわりガン保険）	特約、タイプA1	退院後365日以内、60日限度
アクサダイレクト生命 （がん終身）	なし （退院療養特約あり）	
メットライフ生命 （ガードエックス）	主契約、タイプB	診断確定後の通院、1年ごとに60日限度
アフラック （がん保険Days）	主契約、タイプA1、B	A1：退院後365日、日数制限なし B：期間制限なし、通算制限なし
チューリッヒ生命 （終身ガン治療保険）	特約、タイプA2	入院前60日、退院後365日以内120日限度

※A1：治療入院後の退院後の通院、A2：治療入院前と退院後の通院、B：治療がある通院

※通院給付を提供している会社は、全て往診も通院に含まれています。

◆ 在宅療養、退院療養

入院日数は統計上短くなっていますが、それを反映しているのか急性期の治療が終了しても治癒や軽快を見ずに退院せざるを得ない人が存在します（「通院保障」の【表81】、155ページ参照）。今後、これらの患者は地域包括ケアシステムの中で、在宅療養をすることになるでしょう。

現在の給付タイプは、がん入院給付金の保険事故があることを前提に、一定条件の入院後生存退院したら在宅療養や退院療養の名目で給付金が支払われるタイプになっています。通院給付金との重複給付になる場合や、逆に通院給付の支払い管理より退院時一時金の方が支払い管理が楽だという理由で、通院給付金の代替として給付金を用意している場合もあります（154ページ、通院保障の項参照）。

① 比較ポイント

特に比較すべきポイントはないですが、強いて言えば保険事故の条件である退院までの入院期間の長短でしょう。

② 評価

現在販売されている給付金では、入院と生存退院が保険事故の要件であり在宅療養の状態にリンクした商品ではないため（一部疼痛緩和の給付は販売されている）、いまのところ商品の存在意義は通院給付の代替または上乗せ程度の効果しか感じられません。本格的ながんの在宅療養に対する給付金の提供はまだ道半ばと言うよりこれからでしょう。今後、地域包括ケアの推進で在宅療養環境が整備されていくはずです。現段階では、このような給付金の是非や比較推奨をする必要はないという印象です。

会社名	退院時一時金等の有無	その他
ソニー生命 （がん保険）	主契約、退院後療養給付金	がん入院給付金の支払い事由 該当後退院したとき
ひまわり生命 （がん保険勇気のお守り）	なし	
プルデンシャル生命 （がん保険事業保険用）	なし	
オリックス生命 （がん保険ビリーブ）	主契約、がん退院時一時金	10日以上入院して退院した とき
アクサ生命 （ガン治療保険）	なし	
あんしん生命 （ガン治療支援保険NEO）	なし	
AIG富士生命 （ベストゴールドα）	なし	
あいおい生命 （新ガン保険α）	特約、在宅療養給付金	がん入院給付金の支払い事由 該当後20日以上の入院で生 存退院したとき
マニュライフ生命 （こだわりガン保険）	なし	ガン緩和療養特約あり
アクサダイレクト生命 （がん終身）	特約、がん退院療養金	がん入院給付金の支払い事由 該当後退院したとき
メットライフ生命 （ガードエックス）	なし	
アフラック （がん保険Days）	なし	
チューリッヒ生命 （終身ガン治療保険）	なし	

進行度別保障

　最近、悪性新生物の中でも重度の病状に給付金を多く支払う商品が開発されつつあります。悪性新生物の進行度の指標であるUICC作成のTNM分類（62ページ）が固形がんの基準に用いられています。

　厚生労働省のデータでも進行度が上がるほど患者の療養費が増加する結果が示されていますので【表83】、進行している方に手厚い保障を提供するコンセプトは間違っていないでしょう。

　ただし、ステージ別の重度保障の問題点は、❶〜❹のとおりです。

❶ がん告知と余命告知の違い

　　がんの告知率は高くなりましたが、余命告知は避けられることが多く、両者の告知の様相は全く異なります。保険会社の進行度に連動した給付が余命告知につながれば問題です。がん不知問題と同質の問題が生じます。

❷ がんの重症度は連続性

　　病気の重症度は連続的ですが、UICCの分類であってもTNMの進行度は人為的な基準にすぎません。医療資源の必要性や量を基準に区分されたものではなく、進行度を区分した場合に生存率曲線に差が認められるように区分された基準です。したがって、この基準を用いて段階的勾配給付を提供することは、一定の率で苦情につながります。また証明者への恣意的なプレッシャーを含め事後的モラルハザードも招来させます。特に段階的給付差額が大きい場合は、大きな問題になるでしょう。医療界を巻き込む問題になる可能性も否定できません。上皮内新生物と悪性新生物で給付金に差を設ける問題とは本質的に異なっています。

❸ 進行度分類のための診断基準

　　病理組織所見によるがんの確定診断と異なり病期に関する客観性のある診断基準は、残念ながらありません。また、その点に関する約款上の定義がありません。

❹ 重度保障の重複給付の問題

　　進行している方の療養費用が何故高いのかという問題ですが、基本的に入院日数と治療費用による影響です。したがって、進行度を切り口に保障に重み付けすることと、各治療別の給付金が重複給付になる点が問題になります。

【表83】　H 23年調査 薬物療法対象者病期別患者負担

	ステージ1期	ステージ2期	ステージ3期	ステージ4期
自己負担額	61.0万円	68.3万円	98.2万円	128.4万円
年間入院期間	20.6日	23.3日	37.1日	44.3日
通院回数	14.2回	18.9回	22.4回	24.9回

出典:研究代表者 濃沼信夫 厚生労働科学研究費補助金の研究報告書　平成24年3月

【図31】　進行度別費用

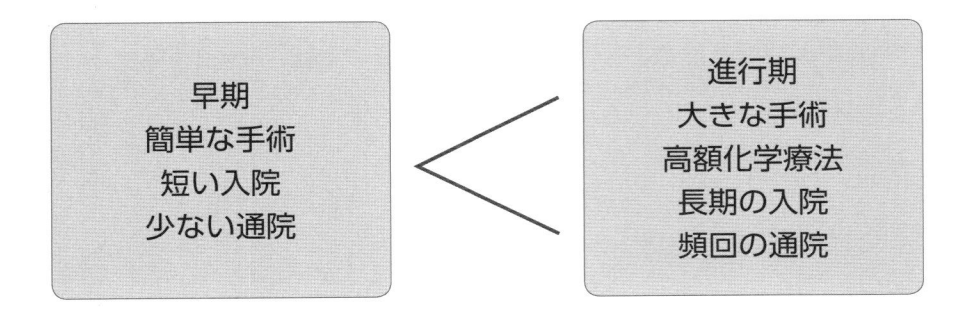

【図32】　重複給付

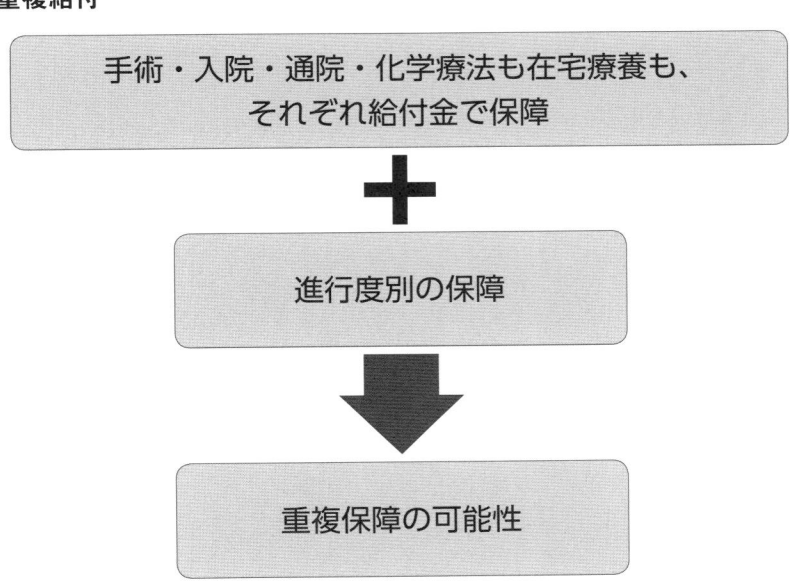

消費者からすれば、高い買い物になってしまいます。

そのため、このような商品を販売する際には、直接的な治療のための療養費以外に進行度別に何故費用が嵩むのかを説明しなければなりません。

160ページの❶〜❹に代表される問題があるので、重複給付を避けながら重度保障の必要性を説明できる営業教育が重要でしょう。重度の患者に手厚い保障が必要なことは自明の話です。

現在、重度の患者の選別にTNM分類を使用して給付金の支払い可否や勾配給付金額を導入している会社は、メットライフ生命の「ガードエックス」とマニュライフ生命の「こだわりガン保険」でした。

保険料払込免除規定

　保険料が払い込める能力は、資産の保有状態や収入で大きく変わります。また、免除規定の意義は、保険商品によっても異なります。実際に傷病に罹患すると生きるための保障であるにもかかわらず、就業不能に陥れば保険の効用を享受できなくなるので深刻です。したがって、保険料が免除される有難味は身に染みて感じるはずです。免除規定は直接、治療に対する給付金規定と異なりますが、重要な商品構成要素として取り上げます。さらに、数社から、がんに罹患した場合にも免除する保険が販売されており、がん保険ならではの保障の一部として商品の特徴になっています。

　さて、保険料払込免除規定は、保険事故発生以後の保険料支払いに充当することが決められた、いわば使用目的が限定された保険料残余期間比例の給付金ですから、逓減性一時金付商品になります。結局、その分の保険料が高額になっている商品ですから、保障が付加されていることと保険料のバランスの比較が必要になるでしょう。

　多くの保険商品に付加されている高度障害状態のような発生確率の低い身体障害に対する保険料払い込み免除の保険料は、当然安価で提供されています。

　なお、保険料払込免除を受けるのは、傷病を有する方であり、当然各種保険サービスを利用したい方です。しかし、保険料収納事務を通じて、契約者と繋がっていた保険機能が切断されることが心配な面があります。結果として各種請求漏れにつながる懸念もあるのです。したがって、免除規定運用後の契約者フォローの会社別取り組み状況も比較推奨基準になるでしょう（もともと、歳満期の払い済み保険では、払い済み以後の保障期間については同様の問題はありますので、払込免除規定に限った問題ではありません）。

会社名	悪性新生物P免	身体障害P免	その他
ソニー生命 （がん保険）	あり※	あり	※三大疾病P免（皮膚ガンは対象）
ひまわり生命 （がん保険勇気のお守り）	なし	あり	
プルデンシャル生命 （がん診断保険）	なし	あり	
オリックス生命 （がん保険ビリーブ）	なし	あり	
アクサ生命 （ガン治療保険）	なし	あり	
あんしん生命 （ガン治療支援保険NEO）	あり	あり	
AIG富士生命 （ベストゴールドα）	あり	あり	
あいおい生命 （新ガン保険α）	なし	あり	
マニュライフ生命 （こだわりガン保険）	あり	あり	特定障害除外条件あり
アクサダイレクト生命 （がん終身）	なし	あり	
メットライフ生命 （ガードエックス）	あり	なし	
アフラック （がん保険Days）	なし	なし	
チューリッヒ生命 （終身ガン治療保険）	あり	あり	

① 比較のポイント

◇保険料払込免除規定の有無

●身体障害規定の有無

●がん診断確定による免除規定の有無

◇免除規定適用契約者に対する各社のフォロー態勢

② 評価

❶免除規定は必要か

免除規定は、保険料を払わずに済むので患者にとっては魅力のある規定です。

安価に保障が得られるなら規定のある商品が推奨されるでしょう。

払込免除規定を用意していない会社は、その分失効しないように契約者フォローが必要です。しかし、契約管理事務やフォローの態勢は、目に見えないので評価推奨の対象に残念ながらなりませんが、募集人としてその点の情報収集は重要でしょう。

❷悪性新生物免除規定は必要か

がんに罹患すると収入減、失業など稼得能力低下という深刻な問題に直面します。闘病しながら保険料を支払うのは大変ですから、悪性新生物の確定診断で保険料の払込が免除されるのであれば患者はさぞ助かるでしょう。ただし、保障を得るため保険料が高くなる問題があります。終身保障であれば百万円を超える診断一時金が付加されるような保障ですから、その点を消費者に理解していただいた上で推奨するかどうかの判断が必要になるでしょう。

なお、保険料を給与天引きする契約の場合の、「がん不知」の対応が問題になります。保険料の天引きがストップすることで、がんの罹患を患者が知ってしまうケースがあります。

センシティブな問題ですから、商品を提供している会社の事務運用（指定代理請求者からがん診断確定と払い込み免除に加え、がん不知による給与引き去り対応の相談があった場合）を確認するとよいでしょう。

もちろん、保険料払い込み免除後の契約者フォロー、失効防止の契約者フォロー態勢は重要です。

がんになったら保険料を払い込まなくて
よいのは魅力だけど、
問題は、どれだけ保険料が高くなるのか？

付帯サービス

　契約者サービスという現物サービスを、保険給付とは別に保険会社が提供しています。特定の保険に限定して提供するサービスと限定していないサービスがありますが、動物園の入園料割引から人間ドックの紹介割引サービスなどその内容は様々です。

　【表86】に示したとおり保険給付とは異なるサービスです。また景品表示法という法律で規定されている、いわゆる「商品のおまけ」なので、高額なサービスは提供できません。

　さて、がん保険に限定すると「がん療養の各種情報提供」「がんに関連したセカンドオピニオン医紹介」「がん検診サービス」などが現在提供されています。なかでも、利用が多いのが、がん療養に関係した相談サービスとセカンドオピニオン医紹介サービスです。

　ところが、これらのサービスの提供会社は数社に限定されており、保険会社が異なっていても、付帯サービスの受注会社が同じなので、比較推奨基準には影響しないという印象です。ただし、（株）法研が提供するがん患者に対するカウンセリング機能付きの相談サービスは、事業内容、事業実績は精神腫瘍学会において報告もされ、各方面から評価を受けています[5]。

　なお、ユーザーの中にはこれらの付帯サービスを保険給付と同等と考えている方もいます。付帯サービスと言えどもサービスの質の管理は重要です。付帯サービスについては、付加しないと他社より見劣りがするので提供するけど、多く利用されると事業費がかさむので、消極的な取り組みしかしていない会社も見られます。個人的な印象ですが、各社のオフィシャル・ホームページを見ると、付帯サービスの案内がわかりづらくなっている会社があるようです。

---

[5]　一部の会社では心理カウンセリングを提供するサービスやセカンドオピニオンを求める契約者に医師と面談できる付帯サービスを提供しています。

【表86】 保険給付と付帯サービスの比較

	保険給付	付帯サービス
コスト負担	保険料	保険会社の事業費
サービスのタイプ	現金	現物
上限	契約規定	法定範囲内
監督官庁	金融庁	消費者庁
関連法	保険法・保険業法等	景品表示法

◆◆◆ 総括

　がんの療養には、個人別に多様な側面があり、個人にとってのリスクは様々です。したがって、今後も多彩な商品が開発されるでしょう。今回は、具体的な商品スペックの検証から外しましたが、部位別のがん保障や抗がん剤保障の周辺に位置づけられる支持療法への保障など既に一部の会社でサービスの提供が始まっています。

　今後も

　　●予防に力を入れた商品

　　●治療保障にこれまで以上にきめ細かいサービス提供に力を入れた商品

　　●社会復帰やハンディキャップの保障に力を入れた商品

　　●社会保険制度の補足機能に力を入れた商品

など様々な商品が開発されると思います。

いずれにせよ大事なのは、

　　●基本的保障がしっかりと提供されていること

　　●わかりやすい商品であること

　　●給付条件は、支払いトラブルが発生しないように約款が明確であること

　　●医学が進歩することを前提に、商品が設計されていること

　　●営業教育（医学・介護・社会保険などの教育も含む）が充実していること

　　●定額商品は必ず保障の過不足が生じるので、不足を補う安易な通算拡大は要注意

　保険会社の説明や商品概要書だけで判断せずに、これらの視点で自分で推奨する商品を確認すべきです。

重要な点は

●必ず約款で商品のポイントを確認すること（不利益情報や有利情報は約款にあり）

●「日本初」や、「＊＊＊ランキング1位」などのメッセージは、要注意

●通算基準の優位性を医学的に説明できなければ、推奨ポイントにしないこと

●お客様にとって本当に必要だと自信をもって言える商品なのか考えること

わかりました
何が大事なのか！

自分自身で、推奨すべき
ポイントを確認します。

 基本保障と評価

　本書は、各社の商品のランキングを目的としていません。がん保険のメリットをユーザーに紹介する皆さんがどのような点を評価すればお客様のためになるのかの参考にしていただくための基準情報です。

　さて、本書で有用と思われる保障を図示していきましょう。しかし、保険で引き受けすべきリスクは時代と共に変わりますので、記載する内容も時代に合わなくなることは必定と考えています。

基本的保障機能

❶一時金保障

> 悪性新生物保障
> 診断確定一時金（診断確定後治療開始一時金）
> 厚生労働省の研究データでは100〜200万円

悪性新生物の定義：ICD－10とICD－Oを使用していること、
　　　　　　　　　できれば、新しい分類ができた際の取り扱いの規定が
　　　　　　　　　充実していること。

診断確定の要件：　病理検査所見を優先していること、生検の取り扱いが
　　　　　　　　　明確であること。

❷入院保障

> 悪性新生物保障
> 入院保障（通算無制限保障）

他の傷病入院と給付の関係が明確でわかりやすく約款に補則されていること

❸三大治療保障（手術・放射線・抗がん剤治療）

> 悪性新生物保障
> 三大治療保障

手術：公的連動式給付でない、限定列挙方式の場合は根治術やその他の手術等の解説が

必要。

放射線：保障が独立していること（従来手術約款に包含）。

抗がん剤：給付範囲を示す基準が明確で薬事承認後の薬剤も対象のこと、ホルモン剤等
　　　　　の給付の有無が明確なこと、給付範囲が広い方がベター。今のところ採用し
　　　　　ている会社はないが、WHOの基準と国内基準の併用がベスト。

❹先進医療

先進医療

基本は実損保障であるべき。先進医療の技術料より実際の自己負担額の給付が妥当。

❺長期療養に対する保障

一時金複数回保障

支払い条件がわかりやすいこと、医学的に複雑でないこと、基本的に重度や進行がんの
保障も組み込まれていること。

❻身体傷害保険料払込免除

身体障害保険料払込免除

免除規定付加でも、保険料への影響が小さければユーザーにとっては付加価値が高くカ
バーされているべき保障。

付随的保障機能

❼通院保障

悪性新生物通院保障

入院日数が減少化し、各種法定負担が増えるので、今後は充実されるべき給付。

❽悪性新生物保険料払込免除

悪性新生物保険料払込免除

あればよい保障だが診断一時金の上乗せ保障（がん診断逓減一時金）と同等なので、保
険料とのバランスが重要。

❾上皮内新生物保障

上皮内新生物保障（入院・通院・手術）

過剰給付にならない範囲で、悪性新生物とは分利された給付であること。

上皮内新生物無効規定がないこと（入院と通院および手術の給付が付加されていれば十
分）。

 **ソニー生命**

（終身がん保険）（08）（無配当）

主契約	待ち期間	がん診断給付金（タイプＡ日額 x 100　タイプＢ日額 x 0）１回限り
		がん入院給付金
		がん手術給付金（限定列挙４種類、放治含む）
		退院後療養給付金
		がん死亡給付金
	死亡給付金（がん以外死亡）	
特約	待ち期間	抗がん剤
		特定疾病診断給付金特約（がん）※タイプＢのみ付加可
	特定疾病診断給付金特約（脳卒中、急性心筋梗塞）※タイプＢのみ付加可	
	待ち期間	先進医療特約（がん）
	先進医療特約（がん以外）	
	待ち期間	保険料払込免除特約（がん：上皮内がん、皮膚癌をのぞく）
	保険料払込免除特約（脳卒中、急性心筋梗塞）	
	保険料払込免除特約（身体障害）	

※主契約は終身保障

基本的保障

> 基本保障は主契約・特約と合わせると充実した保障になっています。
> 保険料払込免除規定が、充実しています。

その他の保障

> 先進医療が、がん以外の先進医療を含むのが特徴です。

消費者のわかりやすさ

（商品構成や商品タイトルおよび付加されている保障機能がわかりやすいか）

> 基本的にわかりやすく設計されていますが、手術給付金に放射線治療が含まれている点は、わかりにいでしょう。診断給付金複数回支払いがないので、逆にわかりやすい商品です。

約款部分　がんの定義や診断確定

> 別表の悪性新生物の用語の使用方法は改善が必要でしょう。
> 診断確定条件は、検討が必要でしょう。

約款　定義以外

>

総合

> わかりやすく、基本骨格がしっかりしています。診断給付金複数回支払や、それに代わる何らかの長期療養の方への保障が付加されれば、良い商品になると期待されます。

ひまわり生命

（勇気のお守りがん保険（2010）BⅡ型）

主契約	待ち期間	がん診断給付金　2年経過後複数回
		がん入院給付金
		がん手術給付金（限定列挙5種類、放治含む）
		がん外来治療給付金（外来治療期間中の医師の処置を伴う外来治療、診断給付金支払後1年間の外来治療期間に上限120日　1年後期間更新）
	死亡給付金（がん以外死亡）　有期タイプの場合付加可	
	身体障害P免※	
特約	待ち期間	がん死亡特約　リビングあり
		先進医療特約（がん）

終身タイプと有期タイプ（90歳まで更新）

※P免とは、生命保険で、重い要介護状態など、一定の条件を満たした場合、保険料が免除になること。

基本的保障

主契約の骨格もしっかりとしていて、すっきりした商品です。
今後は三大治療への保障の充実が、必要になるでしょう。

その他の保障

消費者のわかりやすさ

特約が少なく、主契約中心でわかりやすい商品です。

約款部分　がんの定義や診断確定

別表の悪性新生物の用語の使用方法は改善が必要でしょう。

約款　定義以外

外来治療の部分の医師の処置などの用件が含まれていて約款解釈が、支払審査で問題になる
可能性が懸念されます。

総合

診断給付金で全てをカバーしているという考え方もありますが、がん治療費用保障という面
では、三大治療保障が個別に付加されているとより充実した商品になるでしょう。

◆ プルデンシャル生命

（がん保険〈事業保険用〉無配当）

主契約	待ち期間	がん死亡・高度障害保険金
		がん入院給付金　在宅ホスピスケア等のみなし入院取扱い
		がん手術給付金（限定列挙４種類、放治含む）
		がん治療給付金*（日額 x 100）　前回入院開始日から２年経過後複数回
		死亡給付金（がん以外死亡）　有期タイプの場合付加可
		身体障害Ｐ免（がん以外事由）
特約	待ち期間	がん死亡特約　リビングあり
		先進医療特約（がん）

主契約は終身保障

＊がん治療給付金の保険事故：診断確定されたがんの治療を直接の目的とする入院を開始したとき

基本的保障

基本骨格は、主契約部分がしっかりしています。
基本保障機能が、まだ十分ではありませんが、事業保険専用商品ですので敢えて保障を増やしていないのかもしれません。

その他の保障

在宅ホスピスケアのみなし入院扱いが特徴です。

消費者のわかりやすさ

（商品構成や商品タイトルおよび付加されている保障機能がわかりやすいか）

手術給付金に放射線治療の一つが含まれている点は、消費者にはわかりにくいでしょう。
主契約に治療給付金以外に手術給付金が含まれているので、商品タイトル名だけでは、保障内容がわかりません。治療給付金は、（初回）治療入院時一時金が妥当でしょう。

約款について①　がんの定義や診断確定の部分

がんの診断確定に関しては、病理組織所見が優先されていません。
別表の悪性新生物の用語の使用方法は改善が必要でしょう。

約款について②　その他

がん以外の傷病による入院とがん入院給付金の関係が、他社に比較して最も明確に補則されています。

総合

治療給付金で三大治療保障のカバーがされているかもしれませんが、入院しない外来化学療法・通院内服化学療法も高額化しています。抗がん剤費用保障が必要になるでしょう。その点は、事業保険という面で仕方がないかもしれません。

オリックス生命

（がん保険 Believe「ビリーブ」）

主契約	待ち期間	がん初回診断一時金
		がん入院給付金
		がん手術給付金（限定列挙5種類、放治含む）
		がん退院一時金
		がん治療給付金*（日額 x 50）　2年経過後複数回
		身体障害P免
特約	待ち期間	がん通院特約（治療目的の所定の通院　退院後1年間で60日限度）
		がん先進医療特約（がん）

主契約は終身保障

＊がん治療給付金の保険事故：診断確定されたがんの治療を目的とする入院を開始したとき

基本的保障

基本骨格は、主契約部分がしっかりしています。
基本保障機能が、まだ十分ではありません。

その他の保障

消費者のわかりやすさ

（商品構成や商品タイトルおよび付加されている保障機能がわかりやすいか）

商品の構成はわかりやすいですが、手術給付金に放射線治療が含まれている点は、わかりにくいでしょう。
主契約に治療給付金以外に手術給付金が含まれているので、商品タイトル名だけでは、保障内容が一見しただけではわかりません。治療給付金のタイトルは、（初回）治療入院時一時金が妥当でしょう。

約款部分　がんの定義や診断確定

約款に付されている別表の"悪性新生物"の用語の使用方法は改善が必要でしょう。

約款　定義以外

支払いトラブルになりやすい、手術給付の「根治術」の解説が、きちんとされています。

総合

抗がん剤保障は、非経口の抗がん剤治療を外来で受けた場合に限定されていますので、さらに保障を充実すればよいでしょう。
手術給付金を工夫して、放射線治療を外出しの保障へ切り替えられれば、よりわかりやすい商品となるでしょう。

アクサ生命

（ガン治療保険（無解約払いもどし金型）

主契約	待ち期間	ガン手術給付金
		ガン特定手術サポート給付金
		ガン放射線治療給付金
		化学療法給付金（公的連動）
		緩和療養給付金（ガン性疼痛治療または緩和ケア加算のある入院）
	身体障害P免	
特約	待ち期間	ガン入院特約
		上皮内新生物治療給付特約手術給付金
		上皮内新生物治療給付特約放射線治療給付金
		ガン先進医療特約先進医療給付金（患者負担分）
		ガン先進医療特約先進医療一時金

主契約は終身保障

基本的保障

主契約のページで解説したタイプ3の保障になっています。特約を含めても純然とした治療保障に特化したスペックになっています。既に、他社のがん保険に加入し一時金保障のある方や、三大疾病保障保険、医療保険に加入されている方への治療費用不足分を補う形の商品構成になっていて、有る意味会社の方針が明確です。基本保障としては、自由度の高い一時金は省略されています。

その他の保障

緩和療養という、支持療法への保障が付加されている点は推奨できます。
上皮内新生物による無効規定がない点も、推奨できるでしょう。
特定手術サポート給付金の対象手術の選別理由は、よく理解できません。

消費者のわかりやすさ

（商品構成や商品タイトルおよび付加されている保障機能がわかりやすいか）

何が保障されているのか、給付タイトル名を含めわかりやすくなっています。
商品構成が特徴的です。

約款部分　がんの定義や診断確定

悪性新生物、上皮内新生物、がんの定義、用語の使用法等全て問題ありません。

約款　定義以外

約款は、支払いトラブルがないように配慮されている印象です。

総合

わかりやすく、よく考えられた商品です。診断一時金給付がない点や、主契約の構成が特徴的な点など会社が意図すること、消費者ががん保険に求めるものの齟齬（そご）がないように説明が必要でしょう。また主契約部分の、他商品上乗せ販売に関してはリスク説明も要諦（ようてい）です。化学療法としてホルモン剤の給付がされない点は、検討が必要ですが、全体に外には見えない部分がしっかりした商品です。

あんしん生命

（がん治療支援保険 NEO 無配当）
（がん治療支援保険 NEO 無解約返戻金型）

主契約	待ち期間	診断給付金　複数回（ただし上皮内新生物は初回限定）
		入院給付金
	身体障害Ｐ免	
	待ち期間	悪性新生物保険料払込免除特則
特約	待ち期間	悪性新生物初回診断特約
		がん通院特約（入院前60日退院後180日）
		がん手術特約（限定列挙5種類、放治含む）
		抗がん剤治療特約
		がん先進医療特約

主契約は終身保障、抗がん剤治療保障は10年有期

基本的保障

基本保障が主契約・特約と合わせると充実した保障になっています。
身体障害による保険料払込免除がなく、悪性新生物の免除規定が付加されているのが特徴です。

その他の保障

消費者のわかりやすさ

（商品構成や商品タイトルおよび付加されている保障機能がわかりやすいか）

商品構成、商品タイトル全てわかりやすくなっています。
ただし、手術給付金に放射線治療の一つが含まれている点は、消費者にはわかりにくいでしょう。

約款部分　がんの定義や診断確定

造語としての「がん」の用語の問題以外は、問題ありません。

約款　定義以外

診断給付金複数回支払いの補則が複雑です。

総合

保障内容は、充実しています。問題ないでしょう。
できれば、診断給付金複数回支払いの支払い事由をよりわかりやすくするとよいでしょう。

（がんベスト・ゴールドα 無解約返戻金型悪性新生物療養保険（2014）無配当）

主契約	待ち期間	悪性新生物診断給付金
		悪性新生物無事故給付金特則
	死亡給付金	
	身体障害P免	
特約	待ち期間	上皮内新生物診断給付特約
		悪性新生物初回診断一時金
		がん入院・手術特約入院給付金
		がん入院・手術特約手術給付金（限定列挙5種類、放治含む）
		がん先進医療特約
		がん死亡保障特約
		リビングニーズ特約（がんを原因）

主契約は終身保障

基本的保障

> 診断一時金に力を入れた商品になっています。
> 放射線や抗がん剤保障の付加が、基本保障としては必要でしょう。

その他の保障

>

消費者のわかりやすさ

（商品構成や商品タイトルおよび付加されている保障機能がわかりやすいか）

> 商品の構成、保障内容等についてはわかりやすくなっています。ただし、手術給付金に放射線治療の一つが含まれている点は、消費者にはわかりにくいでしょう。

約款部分　がんの定義や診断確定

> 主契約の約款記述から「がん」という用語を外しているのは、推奨できます。

約款　定義以外

> 特に問題ありません。

総合

> 特約方式で各スペックを総合して保障を提供する商品構成と、診断一時金で保障を提供する商品構成では、そもそも考え方が異なるので他社との商品比較は難しい面があります。一時金給付重視であれば、その金額の医学的妥当性の説明が、募集人に求められますので、特約販売していなくても営業教育が重要になります。また消費者ががん保険に期待する治療費用保障の部分で、今後さらに商品構成の検討が必要になるかもしれません。

第4章　商品　AIG富士生命

 **あいおい生命**

（新ガン保険α無配当）

主契約	待ち期間	ガン入院給付金
		ガン手術給付金（限定列挙5種類、放治含む）
	死亡給付金	
	身体障害P免	
特約	待ち期間	ガン診断給付特約α
		ガン治療通院給付特約
		在宅療養給付特約α
		ガン死亡保障特約α ガン死亡保険金・ガン高度障害保険金
		ガン死亡保障特約α 死亡保険金（がん以外）
		ガン先進医療特約α（交通費、宿泊費給付あり）

主契約は終身保障

基本的保障

> 基本保障は主契約・特約と合わせると抗がん剤保障以外は充実しています。

その他の保障

> 入院保障に短期入院保障が付加されているのが特徴です。
> 先進医療特約で交通費・宿泊費の給付が付加されているのも特徴です。

消費者のわかりやすさ

(商品構成や商品タイトルおよび付加されている保障機能がわかりやすいか)

> 商品構成、商品タイトル全てわかりやすくなっています。
> ただし、手術給付金に放射線治療の一つが含まれている点は、消費者にはわかりにくいでしょう。

約款部分　がんの定義や診断確定

> 造語としての「ガン」の用語の問題以外は、問題ありません。

約款　定義以外

> 入院給付金の補則や根治術の解説など支払審査の判断のしやすさが配慮されています。

総合

> バランスがとれたわかりやすい商品です。基本保障としては抗がん剤の保障が充実すれば問題ないでしょう。

 **マニュライフ生命**

（こだわりガン保険無配当保険料払込期間中無解約返戻金型終身ガン保険）

主契約	待ち期間	ガン診断給付金（悪性新生物給付金）2年に1回複数回
		ガン診断給付金（重度ステージ・特定ガン）1回限定
		ガン上皮内新生物診断給付金　2年に1回複数回
		ガン克服サポート給付金
	身体障害P免	
特約	待ち期間	ガン入院特約
		ガン通院特約
		ガン手術・放射線治療特約　（公的保険連動）
		抗ガン剤治療特約
		ガン緩和療養特約
		ガン先進医療特約先進医療給付金
		ガン先進医療特約見舞給付金
		悪性新生物保険料払込免除特約

主契約・特約は終身保障、先進医療特約は10年有期

基本的保障

基本保障は主契約・特約と合わせると充実した保障になっています。
保険料払込免除規定が、充実しています。

その他の保障

重度ステージ・特定ガンの保障が付加されているのが特徴です。

消費者のわかりやすさ

（商品構成や商品タイトルおよび付加されている保障機能がわかりやすいか）

ステージⅢとⅣを保障するために、給付の仕組みがかなり複雑です。

約款部分　がんの定義や診断確定

主契約や特約で診断確定の記載が不揃いです。また、主契約の給付事由の条件が責任開始後に初めてガン罹患の診断となっており、ガンの診断確定と初めての罹患の２つの診断が必要になっています。罹患の定義や補則もありません。医学的にこのような診断は困難と考えられます。患者に発生した腫瘍の時期など医師には証明できません。

約款　定義以外

ステージⅢ、Ⅳの診断確定が曖昧です。事後的モラルハザード発生リスクについて約款上課題がある印象です。また、特約の給付事由が「治療目的」と「治療目的」と「治療を直接の目的」が混在しています。

総合

上皮内新生物の医学教育も難しい上に、進行度の医学教育の難しさが予想されます。また、必要性がリンクする重症度とは、進行度は必ずしも一致しないこと、余命告知につながる進行度告知の判断は慎重でなければならないこと、他の治療費用部分との重複給付にならないのかなど、様々な課題が見えます。
さらに、罹患の定義もなく罹患という医学的運用が困難な商品になっています。

アクサダイレクト生命

（がん保険、がん保険（終身型））

主契約	待ち期間	がん診断給付金
		がん入院給付金
	身体障害P免	
特約	待ち期間	がん手術特約
		がん退院療養特約
		がん先進医療特約
	がん無事故給付特約	

主契約は終身保障（先進医療特約は10年有期）

基本的保障

ネット販売なので、複雑な支払い審査が不要なシンプルなコア部分の保障になっています。

その他の保障

消費者のわかりやすさ

（商品構成や商品タイトルおよび付加されている保障機能がわかりやすいか）

ネット販売のため非常にわかりやすくシンプル。

約款部分　がんの定義や診断確定

造語としての「がん」の用語の問題以外は、問題ありません。

約款　定義以外

特に問題ありません。

総合

三大治療や重度あるいは長期療養への保障は、他社と比較すると不足していますが、ネット販売であれば納得できる商品構成でしょう。

メットライフ生命

（時代が求めたガン保険 ガードエックス）

主契約	待ち期間	悪性新生物治療給付金（公的連動の手術・放射線と抗がん剤治療） （最上位の進行度の診断＋入院・通院）
		上皮内新生物治療給付金（公的連動の手術・放射線と抗がん剤治療）
特約	待ち期間	ガン診断給付特約悪性新生物診断給付金
		ガン診断給付特約上皮内新生物診断給付金
		ガン入院給付特約ガン入院給付金
		ガン入院給付特約ガン長期入院給付金
		ガン通院サポート給付特約
		ホルモン剤治療給付特約
		ガン先進医療特約先進医療給付金
		ガン先進医療特約先進医療支援給付金
		ガン保険料払込免除特約

主契約・特約は終身保障、先進医療特約は10年有期

基本的保障

基本保障は主契約・特約と合わせると充実した保障になっています。
主契約のページで解説したタイプ3の保障になっています。
三大治療の保障が、治療給付金としてまとめられています。
治療給付金は、治療していれば最短1年間隔で複数回支払われます。

その他の保障

無治療であっても最上位の進行度の入院・通院は給付金が出る保障が特徴です。

消費者のわかりやすさ

(商品構成や商品タイトルおよび付加されている保障機能がわかりやすいか)

治療給付金というタイトルの給付に、治療をしていない進行している患者の保障を組み入れているので、保障がやや複雑です。

約款部分　がんの定義や診断確定

造語としての「ガン」の用語の問題以外は、問題ありません。

約款　定義以外

特に問題ありません。

総合

上皮内新生物の医学教育も難しい上に、進行度の医学教育の難しさが予想されます。余命告知につながる進行度告知の判断は慎重でなければならないことなど課題があります。進行度に関する保険事故発生について、受取人、契約者、被保険者で認識できない可能性もあり得ます。
主契約の構成が特徴的な点など会社が意図することと、消費者ががん保険にもとめるものの齟齬がないように説明が必要でしょう。また主契約部分の、他商品上乗せ販売に関してはリスク説明も要諦です。

アフラック

（新生きるためのがん保険 Days 無配当〈ガン保険 ［低・無解約返戻金型 2014]）

主契約	待ち期間	がん診断給付金（上皮内新生物は 1/10 給付）
		がん入院給付金
		がん通院給付金
特約	待ち期間	抗がん剤治療特約
		手術・放射線治療特約
		診断給付金複数回支払い特約
		先進医療特約がん先進医療給付金
		先進医療特約がん先進医療一時金

主契約・特約は終身保障（先進医療特約・抗がん剤治療特約は10年有期）

基本的保障

商品の骨格がしっかりしています。

その他の保障

保険料払込免除規定がありません。

消費者のわかりやすさ

(商品構成や商品タイトルおよび付加されている保障機能がわかりやすいか)

シンプルでわかりやすい商品構成、商品タイトルで、保障機能の付加もわかりやすいです。

約款部分　がんの定義や診断確定

問題ありません。新しいWHOの分類が発行された際の運用もより最新医学に適応できる基準になっています。

約款　定義以外

入院給付金の補則部分が不足していますが、その点を除けば問題ありません。

総合

保険料払込免除の保障がない点が、今後検討を要しますが、それ以外は基本的な保障内容と商品構成になっています。

チューリッヒ生命

（終身ガン治療保険プレミアム無解約返戻金型ガン治療保険）

主契約	待ち期間	放射線治療給付金
		抗がん剤・ホルモン剤治療給付金
	身体障害P免	
特約	待ち期間	ガン診断特約（2年以後入院を条件で複数回）
		ガン入院特約
		ガン通院特約（入院前後一定期間、退院後通算120日限度）
		ガン手術特約（公的連動）
		ガン緩和療養特約（ガン性疼痛治療または緩和ケア加算のある入院）
		ガン診断後ストレス性疾病特約
		ガン先進医療特約先進医療給付金
		ガン先進医療特約先進医療支援給付金
		悪性新生物保険料払込免除特約

主契約は終身保障

基本的保障

主契約のページで解説したタイプ3の保障になっています。基本保障は主契約・特約と合わせると充実した保障になっています。保険料払込免除規定が充実しています。

その他の保障

緩和療養という、支持療法への保障が付加されている点は、推奨できます。
ガン診断後ストレス性疾病特約は特徴的ですが、対象となる疾病の妥当性は医学的に問題で、かえって保障の必要性に疑問を感じさせます。またがん診断後には精神的なストレスはありますが、その点に関する金銭的保障の必要性の有無が理解されません。

消費者のわかりやすさ

（商品構成や商品タイトルおよび付加されている保障機能がわかりやすいか）

何が保障されているのか、給付タイトル名を含めわかりやすくなっています。
商品構成が特徴的ですので、その点の説明が十分必要です。

約款部分　がんの定義や診断確定

造語としての「ガン」の用語の問題以外は、問題ありません。

約款　定義以外

抗がん剤治療給付事由の補則が複雑です。

総合

主契約・特約を含めると基本保障のそろったバランスのよい商品でしょう。
約款部分も凡そ支払い時のトラブルがない記載です。
主契約の構成に関しては、会社が意図することと、消費者ががん保険にもとめるものの齟齬がないように十分な説明が必要でしょう。また主契約部分の、他商品上乗せ販売に関してはリスク説明も要諦です。

結局、多くの会社の商品を比較してもがんの療養に必要な保障は数種類に限られ、差別化という名目でそれらの保障の切り貼りと繋ぎあわせを変えているだけに見えます。

　したがって、重要なのは、

　　●商品の構成のわかりやすさ、過不足ない保障なのか

　　●消費者が読まない約款の細部に支払い時のトラブルを防止できる明確な記載、補則・備考・用語の解説が付記されているのか

　　●より加入者を増やす仕組みを用意しているか（特別条件の工夫）

　　●不利益な規定であり医学的にも問題な上皮内新生物の無効規定があるのか

　といった点が、比較推奨のポイントのようです。

　保障の広さ、通算など、ほとんど比較推奨のポイントにならないことは、本書をまとめ終えるに近づくにつれ、当初の判断に誤りがなかったことをより認識いたしました。また、

　　●営業保険料競争や手数料競争

　　●商品単価の押上で事務経費の確保や募集人へ支払う手数料の確保

　　●スペックを少し拡大することで保険料比較をしづらくする

　　●主契約の商品構成を変更することで上乗せ販売をしやすくする

　など、営業方針の視点での比較はしていないことを再度申し述べて商品比較を終了いたします。これらの点は、保険料を除いて消費者視点での保障の選択には影響しないからです。

あとがき　―がん保険の役割と社会的意義

　公的医療保険が創設されて既に50年以上経過し、制度疲労また医療財政の逼迫や人口構造の変化の中で到来する2025年問題など、医療環境を取り巻く変化の波は、これまで以上に大きなものになっています。その中で、公的医療保険制度の補完的役割を担ってきた民間保険も、その役割が少しずつ変化する兆しが見えつつあります。また、医療界からも国民からも民間保険に対する期待が高まっていくはずです。

　既に、がん保険はがん医療のインフラの中核を形成しています。これも全て募集人の方々の日々の営業努力の結果です。がん保険が向き合うがんの医療は、日々変化を遂げています。これまで潤沢で充実した医療サービスを提供できた公的医療保険制度が縮小していく中で、民間保険の役割は公的医療保険の一部補足機能へ役割が拡大するはずです（詳細は、「生命保険経営」2016年7月号に掲載しましたので参照してください）。しかし、消費者の家計は厳しく、社会保険料であれ、民間保険料であれ、支出できる総額には限りがあります。保険は長期の高い買い物です。だからこそ質の良い商品（きちんとしたリスク移転機能と正鵠を得たリスク保障の商品）、無駄のない保障の提供と販売が今まで以上に必要になります。販売した商品で本当に顧客に安心を販売できたのかどうか日々自省することが、募集人の方々の役割です。もちろん、保険販売のみならず、契約後の顧客フォローが大事なことは言うまでもありません。

　年間の販売件数で比較すると、第三分野商品の代表は、「医療保険」と「がん保険」と言っても差し支えないでしょう。それぞれの商品の位置づけは異なりますが、「がん医療」が抱える問題は、日本の医療問題の縮図で、両者の保険とも我々が対峙しなければならない問題として屹立しています。したがって、がんを標的に適切な保障が提供できれば、その他の第三分野商品の提供は、その延長線上にあると言ってもいいのかもしれません。医療環境の変化を俯瞰し、変化の動向を洞察し、将来につながる保険を提供し販売することは、消費者からの期待と注目を浴びるものと確信しています。

　保険は実体のあるものをすぐに使いたい人に届けるタイプの商品ではありません。イノベーションのジレンマという事象は生命保険業界には訪れないでしょう。良い商品も、それ以外の商品も、コピー販売が容易だからです。がん保険市場に、後発参入しても他の商品を圧倒して市場を席巻するような商品を提供できる機会は少ないのです。せいぜい、主契約のスペックを入れ替えて、他社加入者への上乗せ販売を目指す商品を提供し

ている程度の話です。結局各社の商品を比較しても、一見、大きな差を見出すことはできません。しかし、実際に、約款を詳細に分析すると商品の質の違いが見えてきます。緩徐であっても細部にわたり質が評価される商品提供の歩みを進めていただきたいと考えます。きっと、消費者が募集人の方々に求めている本質は、その点の情報提供なのではないでしょうか。テレビCMなどのイメージ戦略と異なり、地に足の着いた情報提供です。

　本書の比較基準は、見せかけの保障の広さや、単純に営業保険料の安さといった従来の視標とは異なっています。むしろ、そのような視標には重点をおいていません。真に消費者にとって必要な商品の質は何かという目線で、比較結果を解説したつもりです。おそらく、多くの方々から、批判される部分もあると思いますが、これまでの筆者の経験をもとに、本書をまとめた次第です。

　いずれ、保険会社から、営業の機能が分離され、保険会社には商品提供機能が残り、保険販売はアウトソーシングされていくでしょう。人的保険販売チャネル以外にも、AI技術を応用した営業方法も進むはずです。本書のような比較情報が巷に氾濫することが予想されますが、その先鞭をつける意味でも一つの推奨基準の方向性を示すことができたのであれば幸甚です。

　最後になりますが、どのようにがん医療の環境が変わろうと、保険業界が変わろうと、保険には変わらないものがあります。それは、保険の機能です。すなわち、保険加入者のリスクの移転機能です。その中で、変化していくものは「リスクの種類や質」になります。例えば、抗がん剤の高額化とこれに対応する保険サービスの提供です。一般の消費者は、医療用薬剤の高額化をまだほとんど知らないはずです。しかし、消費者にとってのリスクは存在します。そのリスクをいち早く保険業界が把握し、募集人の方々と一緒に面前にあるリスクを説明し、質の良い商品を提供することが時代の要請なのです。すなわち、商品開発力とは、リスクを見極める力という以外にないのです。

　ある学者が最近上梓された本の中で述べています。「保険で一番大事なことは、安心の販売である」と。当たり前のことのようですが、がん保険の比較をしているだけでも、その言葉の含蓄を思い知らされます。過剰な保障の提供、リスクを過大に説明する不安の誇張など慎むべきことは言うまでもありません。現在も各保険会社から商品の優越性について多種多様な説明を受けていることと思いますが、行政も募集人の皆さんに消費者側の立場に立った説明を強く求め、指導していくでしょう。しかし、比較推奨基準が

ないために、比較することを諦めることはそれこそ消費者の目線に逆行することになります。

　なお、筆者は現在も複数の保険会社とのお付き合いがありますが、募集資格は取得していないので利益相反はありません。長らく勤めたアフラックの商品についても解説し、批判的な記述をした部分もあるのはおわかりいただけると思います。さらに商品の解説部分である第4章は、比較ポイントについては全て客観的事実をもとに記載しました。解説内容を見ていただくとわかりますが、商品スペックの各論部分では、どの会社の商品も完璧ではなく結果として個別会社の商品を推奨はしていません。この本を読んでくださっている皆さんには解説した比較のポイントと評価のポイントだけ確認していただき、そして、読者の方がご自身の評価基準を考えていただければ十分だと思います。その意味では、本書は皆さんの考えの結論を左右することを目的とするのではなく、考え方の視点を提供するという材料という位置づけです。

　今般、解説した個別部分に関して、あるいは筆者個人の考え方に対して多くの批判をいただくことを覚悟して本書をまとめた次第です。しかし、比較推奨販売をする乗合代理店のみならず、いずれ自社商品しか販売できない営業職員制度の会社に対しても、本来あるべき商品開発の方向性や販売話法の確立に影響を与えるはずだと信じています。

　最後に、消費者の声や給付請求に際してがん患者と家族の声を日々受け止めなければならない募集人の方々、実際に闘病されている患者とご家族、そして医療機関や地域の中で医療・介護に携わり様々な医療・介護制度の縛りの中で悪戦苦闘しながら医療と介護のサービスを提供している関係者に思いを馳せながら、消費者が必要とする保障は何か、改めて見つめ直すことができました。このような機会を与えていただいた、保険毎日新聞社に感謝し筆をおくことにいたします。

本書で参照した約款 （2016年3月22日確認）

会社名	販売名と商品名（上段） 約款管理番号または約款冊子印刷用管理番号（下段）
ソニー生命	終身がん保険（０８）（無配当）
	２０１５年１１月２日版
ひまわり生命	勇気のお守り がん保険（2010）BⅡ型
	H27年4月版 HL-P-B2-14-02115 （2015.4.2）
プルデンシャル 生命	がん保険＜事業保険用＞無配当
	2015年11月版 2015年11月24日登録　　　Pru - 2015-02-0014
オリックス生命	がん保険Believe「ビリーブ」 無配当新がん保険（2010）・がん先進医療特約
	30VI09 ORIX2015-C-025 2015年3月作成
アクサ生命	ガン治療保険（無解約払いもどし金型）
	2015年11月 Form No.0T0795 （3.2）AXA-A1-1510-1641/9W2 2015.11.06
あんしん生命	がん治療支援保険NEO 無配当 がん治療支援保険NEO 無解約返戻金型
	2015年7月新設 募資1412-KR06-033 D79-12110 新201504
AIG富士生命	がんベスト・ゴールドα 無解約返戻金型悪性新生物療養保険（2014）無配当
	2015年4月改訂　W2043 登録No.AFL14D072　W2043 （55,000① 116.6） TF
あいおい生命	新がん保険α 無配当
	2015年8月 【MS】B2129【AD】92-129 40,000 2015.05.28 （改・1） 61 登2015-A-202 （2015.7.1）
マニュライフ 生命	こだわりガン保険 無配当保険料払込期間中無解約返戻金型終身ガン診断保険
	平成28年1月作成 MLJ （商開）15110224-386701 （16-01.45c）Ⓣ
アクサダイレクト 生命	がん終身 がん保険（終身型）
	2015年9月 Form No. AX-15-010 （1）2015.09.16

メットライフ 生命	時代が求めたガン保険ガードエックス 終身ガン治療保険	
	2015年9月ver.3 募1506-0012 B005-24（03）（15.9）Y1207DI-DNP	
アフラック	新 生きるためのがん保険Ｄａｙｓ 無配当＜がん保険[低・無解約返戻金2014]＞	
	資778192（00）TO.14.08.40A（新）AF商開2-2014-0032 6月26日	
チューリッヒ生命	終身ガン治療保険プレミアム 無解約返戻金型終身ガン治療保険	
	2015年4月改訂　WC142 募15003	

P免責

会社名		評価
ソニー生命 （がん保険）	通常の高度障害7状態、②不慮の事故身体障害8状態③三大疾病保険料払込免除特約（上皮内新生物は対象外）	普通死亡の責任開始期以後三大疾病でP免は、特徴的。皮膚癌も対象。
ひまわり生命 （がん保険勇気のお守り）	①通常の高度障害8状態、②不慮の事故身体障害8状態	保険料払い込み期間、②契約始期以後
プルデンシャル生命 （がん保険）	通常の高度障害、②不慮の事故身体障害状態（通常8項目より6障害多い）	②普通死亡の責任開始期以後
オリックス生命 （がん保険ビリーブ）	①通常の高度障害8状態、②不慮の事故身体障害8状態	②責任開始期以後（待ち期間なし）、特定障害不担保あるもがん保険主契約に適用されない（視力・聴力障害）
アクサ生命 （ガン治療保険）	通常の高度障害7状態、②不慮の事故身体障害8状態	②普通死亡の責任開始期以後
あんしん生命 （ガン治療支援保険NEO）	通常の高度障害7状態、②不慮の事故身体障害8状態③悪性新生物保険料払込免除特約（上皮内新生物は対象外）	②責任開始期以後
AIG富士生命 （ベストゴールドα）	通常の高度障害7状態、②不慮の事故身体障害8状態③悪性新生物保険料払込免除特約（上皮内新生物は対象外）	
あいおい生命 （新ガン保険α）	通常の高度障害7状態、②不慮の事故身体障害10状態	責任開始後
マニュライフ生命 （こだわりガン保険）	通常の高度障害※状態、②不慮の事故身体障害※状態③悪性新生物保険料払込免除特約（上皮内新生物は対象外）	
アクサダイレクト生命 （がん終身）	通常の高度障害7状態、②不慮の事故身体障害8状態	
メットライフ生命 （ガードエックス）	悪性新生物保険料払込免除規定あり（上皮内新生物は対象外）	
アフラック がん保険Days	なし	
チューリッヒ生命 （終身ガン治療保険）	通常の高度障害＊状態、②不慮の事故身体障害＊状態③悪性新生物保険料払込免除特約（上皮内新生物は対象外）	身体障害、高度障害の詳細不明

【著者略歴】

佐々木 光信（株式会社保険医学総合研究所代表取締役社長）

慶応義塾大学医学部卒後、膀胱癌研究で学位取得、三四会賞受賞。

医療機関勤務を経て、千代田生命保険相互会社医事調査課長、医務部長。2001年アメリカンファミリー生命保険会社で医務部部長、チーフメディカルディレクターを経て独立、現職。

保険医学を中心とした危険選択（保険引受、保険支払）実務、商品 開発実務に30年以上従事、FPへの情報提供や保険医学・営業教育に関する講演活動を行う。

医学の進歩と生命保険の関係や医療介護保険制度と民間保険を中心に研究活動に取り組み、この分野の論文など研究成果多数。保険にテレビ電話を使用した危険選択手法を導入、経済誌フィナンシャルタイムスやNHKクローズアップ現代などで取り上げられる。

日本保険医学会評議員、生命保険協会医務部会委員などを歴任、現在インシュアランス誌論説委員。

医師、医学博士、介護支援専門員資格、日本保険医学会認定医、日本医師会認定産業医資格で、所属学会は、日本癌治療学会、日本泌尿器科学会、日本保険学会、日本保険医学会、日本生命倫理学会等。

【主要論文】

1. 健康診断の意義（日本保険医学会宿題報告、四大新聞に掲載される）
2. 生命保険の危険選択（保険学雑誌、駒澤大学で開催のシンポジウムでの講演発表の論文）
3. 生命倫理と保険事業（日本保険医学会誌、生保における遺伝子問題の取り組み報告）
4. 性同一性障害と性別変更（生命保険経営学会誌、性別変更の特例法による生保事業への影響を論説）
5. 胎児の地位と保障の範囲（日本保険医学会誌、胎児治療と生保の問題を解説）
6. 高次脳機能障害と保障の動向（生命保険経営学会誌、脳損傷後遺症に対する保障が損保より生保が遅れている問題を指摘）
7. 知的障害と生命保険（日本保険医学会誌、生命保険協会長賞受賞論文）
8. 生命保険と倫理的課題（日本保険医学会誌、生命保険協会長賞受賞論文）
9. ポストシークエンス時代の遺伝子情報考察（保険研究、慶応保険学会で最近の遺伝子知見に基づいた保険論を論説）
10. 幕を開けた抗がん剤治療保障（生命保険経営学会誌、抗がん剤保障を商品開発する際の課題を解説）
11. 引受緩和型医療保険と条件体市場（生命保険経営学会誌、条件体市場に商品提供する際の課題を解説）
12. 医学の進歩と保険約款（保険学雑誌、保険商品の長期性と医学の可変性を巡る問題を論説）
13. 遺伝子検査と保険問題－アンジーの声明が意味するものは？－（生命保険経営学会、遺伝子検査浸透化による課題を論説）

比較検証、がん保険
知っておくべき「癌」と「医療」と「がん保険」

初版年月日	2016 年 8 月 2 日
編著者	佐々木 光信
発行所	㈱保険毎日新聞社
	〒 101-0032 東京都千代田区岩本町 1 － 4 － 7
	TEL03-3865-1401 ／ FAX03-3865-1431
	URL http://www.homai.co.jp
発行人	真鍋幸充
編集	内田弘毅
編集協力	大西華子
デザイン	中尾　剛
印刷・製本	有限会社アズ

ISBN　978-4-89293-274-8　C3033
© Mitsunobu SASAKI (2016)
Printed in Japan